PROTÉGEZ
VOTRE
JARDIN

BIBLIOTHÈQUE ADMINISTRATIVE
Ministère des Communications
Éléments de catalogage avant publication

Protégez votre jardin / [préparé par un collectif d'auteurs, sous la responsabilité de Gilles Émond [pour le] Ministère de l'agriculture, des pêcheries et de l'alimentation du Québec]. — Éd. rev. et augm. — Québec : Publications du Québec, c1991.

ISBN 2-551-14502-3.

1. Jardinage 2. Jardins — Animaux nuisibles 3. Plantes — Maladies et fléaux 4. Pesticides I. Émond, Gilles. II. Québec (Province). Ministère de l'agriculture, des pêcheries et de l'alimentation.

A38 A1 P76/1991

LES
PUBLICATION
DU QUÉBE

PROTÉGEZ VOTRE JARDIN

JARDIN

Édition revue et augmentée

Québec

Cette publication est une réédition du
Guide de protection du jardin domestique
publié et réédité depuis 1986.
Son contenu a été préparé par un
collectif d'auteurs sous la responsabilité
de M. Gilles Émond du Service de
phytotechnie de Québec du
ministère de l'Agriculture des
Pêcheries et de l'Alimentation du
Québec.

Cette édition a été produite par
Les Publications du Québec
1279, boulevard Charest Ouest
Québec (Québec)
G1N 4K7

Graphisme de la couverture
et de la grille typographique
Louise Vallée et Charles Lessard
graphistes associés

Photos des couvertures avant et arrière

1. Claire Dufour, photographe
2. Bernard Drouin, MAPAQ (L'anthonome du fraisier p. 42)
3. Léon Tartier, MAPAQ (Taches foliaires sur pomme de terre p. 36)
4. Bernard Drouin, MAPAQ (Piège à mouche de la pomme p. 51)
5. Aménagement paysager — MAPAQ
6. Aménagement paysager — MAPAQ

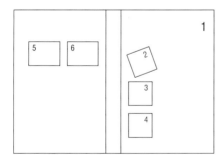

Dépôt légal — 2e trimestre 1991
Bibliothèque nationale du Québec
Bibliothèque nationale du Canada
ISBN: 2-551-14502-3

Collaborateurs

Service de phytotechnie de Québec
Ministère de l'Agriculture, des Pêcheries et de l'Alimentation

C. Bouchard, *agr.*
R.-M. Duchesne, *Ph. D. biol.*
G. Gilbert, *M. Sc. agr.*
M. Lacroix, *M. Sc. agr.*
P. Lavigne, *M. Sc. agr.*
M. Letendre, *M. Sc. agr. biol.*
P. O. Thibodeau, *M. Sc. agr.*

Révision et coordination des textes

B. Drouin, *graph.*
G. Émond, *Ph. D. agr.*

Service de phytotechnie de Saint-Hyacinthe
Ministère de l'Agriculture, des Pêcheries et de l'Alimentation

C. Ritchot, *Ph. D. agr.*
M. Roy, *M. Sc. agr.*
L. Tartier, *M. Sc. agr.*

Institut de technologie agricole de La Pocatière
Ministère de l'Agriculture, des Pêcheries et de l'Alimentation

J.-M. Lord, *agr.*

Station de recherche de Saint-Jean-sur-Le-Richelieu
Agriculture Canada

R. L. Granger, *Ph. D. agr.*

Ferme expérimentale de l'Assomption
Agriculture Canada

M.-C. Richer Leclerc, *M. Sc. agr.*

Jardin botanique de Montréal

M. Saint-Arnaud, *M. Sc. biol.*

Consultant en horticulture ornementale

M. Morissette, *agr.*

AVERTISSEMENT

Le ministère de l'Agriculture, des Pêcheries et de l'Alimentation ne se tient aucunement responsable des résultats obtenus par l'emploi des pesticides mentionnés dans la présente publication, qu'ils soient ou non utilisés selon les suggestions, recommandations ou directives des fabricants ou des agences gouvernementales.

AVANT-PROPOS

Lorsque le jardinier amateur fait le bilan des succès et des échecs qui ont marqué les saisons de culture de son potager ou de ses plates-bandes, il s'aperçoit bientôt qu'une règle générale ressort de son expérience accumulée : les réussites les plus faciles et les plus durables à la fois, il les a obtenues lorsque l'écosystème de son jardin correspondait naturellement aux conditions idéales demandées par telle espèce qu'il avait choisi de cultiver.

Qu'il s'agisse de température, d'ensoleillement, de caractéristiques du sol, la partie est presque gagnée d'avance lorsqu'il suffit d'ajustements mineurs aux conditions locales pour satisfaire pleinement aux exigences de ses plantes. Si, au contraire, on doit créer un environnement trop artificiel, l'équilibre obtenu restera toujours précaire et les problèmes multiples ne tarderont pas à faire leur apparition.

L'amateur sage choisit donc les espèces qui vont s'adapter facilement à son environnement local, mais veille également à ne pas altérer l'équilibre de cet écosystème qui profite si bien à ses plantes.

Aussi, pour contrer les attaques des ennemis de ses cultures, il s'ingénie à varier les stratégies de lutte en conjuguant tous les moyens à sa disposition : pratiques culturales préventives, choix des cultivars résistants, répression mécanique et piégeage, emploi de pesticides biologiques et répulsifs, n'ayant finalement recours aux pesticides chimiques que si tous les autres moyens n'ont pas suffi à la tâche. C'est grâce à ces précautions qu'il réussit à conserver les organismes utiles, alliés naturels présents dans l'écosystème de son jardin et qu'il ne favorise pas l'apparition de phénomènes de résistance aux pesticides. En d'autres mots, il s'est mis à l'école de la **lutte intégrée.**

Cette nouvelle approche qui a fait ses preuves dans les cultures à grande échelle, comporte les mêmes avantages lorsqu'on l'applique aux dimensions réduites d'un jardin domestique. En adoptant une telle philosophie, l'amateur peut continuer à réussir ses cultures tout en évitant l'escalade occasionnée par l'emploi abusif des pesticides chimiques.

Les campagnes d'embellissement ont déjà sensiblement amélioré l'aspect des villes et villages québécois et l'avenir nous promet encore davantage, si le respect de l'environnement est au cœur de cet effort collectif.

Le Service de phytotechnie de Québec
Gilles Émond, *directeur*

TABLE DES MATIÈRES

La culture
à protéger

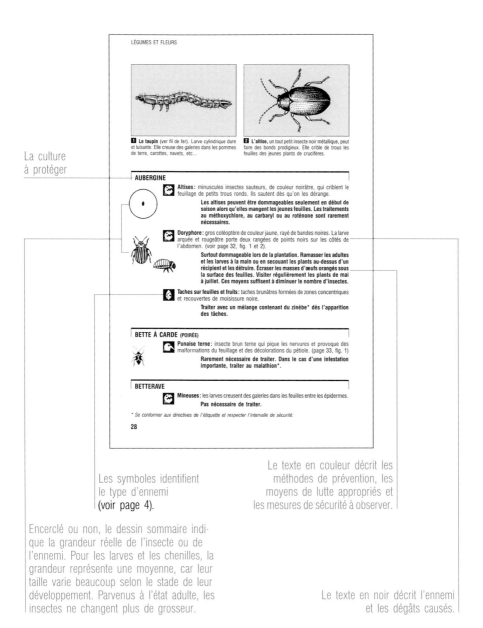

LÉGUMES ET FLEURS

1 **Le taupin** (ver fil de fer). Larve cylindrique dure et luisante. Elle creuse des galeries dans les pommes de terre, carottes, navets, etc...

2 **L'altise,** un tout petit insecte noir métallique, peut faire des bonds prodigieux. Elle crible de trous les feuilles des jeunes plants de crucifères.

AUBERGINE

Altises : minuscules insectes sauteurs, de couleur noirâtre, qui criblent le feuillage de petits trous ronds. Ils sautent dès qu'on les dérange.

Les altises peuvent être dommageables seulement en début de saison alors qu'elles mangent les jeunes feuilles. Les traitements au méthoxychlore, au carbaryl ou au roténone sont rarement nécessaires.

Doryphore : gros coléoptère de couleur jaune, rayé de bandes noires. La larve arquée et rougeâtre porte deux rangées de points noirs sur les côtés de l'abdomen. (voir page 32, fig. 1 et 2).

Surtout dommageable lors de la plantation. Ramasser les adultes et les larves à la main ou en secouant les plants au-dessus d'un récipient et les détruire. Écraser les masses d'œufs orangés sous la surface des feuilles. Visiter régulièrement les plants de mai à juillet. Ces moyens suffisent à diminuer le nombre d'insectes.

Taches sur feuilles et fruits : taches brunâtres formées de zones concentriques et recouvertes de moisissure noire.

Traiter avec un mélange contenant du zinèbe* dès l'apparition des tâches.

BETTE À CARDE (POIRÉE)

Punaise terne : insecte brun terne qui pique les nervures et provoque des malformations du feuillage et des décolorations du pétiole. (page 33, fig. 1)

Rarement nécessaire de traiter. Dans le cas d'une infestation importante, traiter au malathion*.

BETTERAVE

Mineuses : les larves creusent des galeries dans les feuilles entre les épidermes.

Pas nécessaire de traiter.

* Se conformer aux directives de l'étiquette et respecter l'intervalle de sécurité.

28

Les symboles identifient le type d'ennemi **(voir page 4).**

Le texte en couleur décrit les méthodes de prévention, les moyens de lutte appropriés et les mesures de sécurité à observer.

Encerclé ou non, le dessin sommaire indique la grandeur réelle de l'insecte ou de l'ennemi. Pour les larves et les chenilles, la grandeur représente une moyenne, car leur taille varie beaucoup selon le stade de leur développement. Parvenus à l'état adulte, les insectes ne changent plus de grosseur.

Le texte en noir décrit l'ennemi et les dégâts causés.

POUR AVOIR UN JARDIN EN BONNE SANTÉ

LUTTE AUX ENNEMIS DES PLANTES

Les ennemis des plantes sont nombreux et très diversifiés. Pour assurer la qualité et le rendement de ses récoltes et conserver la beauté de ses plantes ornementales, il importe de se préoccuper de leur présence et leurs dégâts, mais sans oublier le respect et la protection de l'environnement.

Les concours «Villes, villages et campagnes fleuris» et «Maisons fleuries» du Québec doivent nous porter à favoriser à la fois l'embellissement et l'intégrité de notre cadre environnemental.

STRATÉGIE DE LUTTE

Même si le choix de méthodes de lutte est une question de responsabilité personnelle, il est possible et peut-être souhaitable de modifier notre façon de faire. Un bon jardinier doit connaître non seulement les plantes qu'il cultive mais aussi leurs ennemis et savoir les identifier très bien sur le terrain. L'emploi des pesticides n'est pas toujours la seule solution à vos problèmes. D'autres méthodes non chimiques, peuvent être aussi très efficaces. D'ailleurs, il est rarement nécessaire d'éliminer totalement un ennemi ; nous devons plutôt chercher à réduire sa population à un niveau raisonnable. Les dommages, bien que souvent d'apparence désagréable, n'affectent pas toujours la valeur nutritive ou la santé de la plante. Nous en avons une perception trop souvent subjective.

Il est très difficile d'adopter une stratégie de lutte identique pour tous les ennemis. Il est cependant important de s'assurer que *la stratégie prise soit efficace contre l'ennemi et respecte la santé des êtres humains et des animaux ainsi que l'environnement.*

Des mesures sanitaires et préventives tendent à réduire ou à éliminer plusieurs ennemis tout en étant d'excellentes pratiques culturales pour les plantes. Les méthodes de lutte chimiques et non chimiques peuvent s'utiliser séparément ou en association.

MESURES PRÉVENTIVES

Sol : le sol doit être profond, bien égoutté et riche en humus (matière organique décomposée). Au printemps, ameublir le sol et épandre un engrais chimique ou organique recommandé pour le jardin. Avec un bon sol, fertilisé adéquatement, la pousse est plus vigoureuse et les plants résistent mieux aux insectes et aux maladies. Cependant, il faut éviter une surfertilisation qui n'est pas souhaitable. Une plante surfertilisée devient souvent luxuriante et les tissus plus tendres sont plus facilement la proie des insectes et des maladies. De plus, les excès de fertilisants constituent alors une source de pollution.

Semence : certaines maladies sont transmises par la semence ; c'est le cas de plusieurs maladies bactériennes et fongiques. Il faut donc veiller à se procurer une semence de toute première qualité provenant des grainetiers. Acheter de préférence une semence traitée.

Toujours choisir les cultivars (variétés) les plus résistants aux différentes maladies, à condition qu'ils soient productifs et adaptés à la région.

Rotation : certains organismes, responsables de maladies, peuvent survivre dans les débris de cultures ; c'est notamment le cas des organismes responsables des brûlures foliaires. Il faut donc éviter de cultiver la même espèce de légumes deux années de suite au même endroit, afin de permettre la décomposition complète des débris.

Densité de plantation : éviter de semer ou de transplanter de façon trop dense. En plus de nuire à leur développement, la surpopulation des plantes cultivées contribue à l'augmentation de l'humidité et diminue l'aération entre les plants et entre les rangs, favorisant ainsi la prolifération des insectes et des maladies.

Arrosage : de préférence le matin, pour que le feuillage soit sec avant la fin de l'après-midi. Les arrosages en soirée favorisent le développement des maladies qui apparaissent rapidement dans une humidité élevée.

Éviter de travailler dans le jardin (cueillette, enlèvement des mauvaises herbes) **quand le feuillage est mouillé,** car cette pratique favorise la propagation de certaines maladies.

Mesures sanitaires : sarcler fréquemment afin d'activer la croissance des légumes et d'empêcher la croissance des mauvaises herbes. Faucher tôt les abords du jardin, car la destruction des mauvaises herbes contribue aussi à la bonne santé des cultures, certaines espèces étant des réservoirs d'insectes nuisibles ou d'organismes pathogènes.

Après chaque récolte, ramasser les déchets de cultures, car ils sont également une source de maladies et un abri pour l'hibernation des insectes. Ces déchets de cultures peuvent être utilisés pour la fabrication du compost.

TAILLE

La taille a une influence directe sur l'apparence, la robustesse et la santé des arbres et des arbustes. De nouvelles recommandations ajoutées à ce guide expliquent comment et quand il faut tailler les arbres, les arbustes et les haies.

LUTTE INTÉGRÉE

On entend par là l'intégration des diverses méthodes de lutte et de pratiques culturales en vue d'obtenir une culture de qualité satisfaisante, en nuisant le moins possible à l'environnement.

MÉTHODES NON CHIMIQUES

Ces méthodes sont variées, faciles d'emploi, efficaces, économiques et font appel à votre imagination. Plusieurs insectes peuvent être enlevés avec les mains ou à l'aide d'un pinceau d'artiste. Le désherbage mécanique ou manuel est une excellente méthode pour se débarrasser des mauvaises herbes. L'emploi de variétés résistantes, adaptées à notre climat, permet de réduire les populations d'ennemis et les dommages. L'insecticide biologique, *Bacillus thuringiensis (B.T.),* est efficace contre plusieurs chenilles de lépidoptères (papillons). Le piégeage sous toutes ses formes est un moyen de lutte efficace contre certains insectes.

MÉTHODES CHIMIQUES

Malgré leurs inconvénients, les pesticides chimiques peuvent être utilisés, mais de façon rationnelle et uniquement lorsque nécessaire. Un chapitre complet est réservé aux pesticides. Vous y trouverez l'information pertinente pour un emploi sécuritaire et efficace de ces produits.

LE COMPOSTAGE VOUS INTÉRESSE?
Vous trouverez une mine d'informations à la page 99.

ENNEMIS À COMBATTRE

Tout organisme est considéré nuisible aux cultures, lorsqu'il est présent au mauvais endroit, au mauvais moment ou que son niveau de population dépasse un seuil au-dessus duquel les dommages sont importants économiquement ou que l'aspect esthêtique des plantations est grandement menacé. Une seule chenille ne peut dévorer le feuillage d'un arbre. Seules des populations élevées d'ennemis méritent qu'on s'y attarde. Cependant, certaines mauvaises herbes hébergent des insectes ou sont porteuses de maladies. Dans ce cas, il peut être nécessaire d'intervenir, même si les populations de mauvaises herbes semblent peu élevées.

LES INSECTES

Les insectes ont 6 pattes. On les rencontre sous différents stades : œuf, larve ou chenille, pupe ou chrysalide, adulte. Les insectes s'attaquent à toutes les parties de la plante : racines, tubercules, tiges, feuilles, fleurs, fruits. Certains insectes, comme le doryphore de la pomme de terre, broient leurs aliments, tandis que d'autres, comme les pucerons et les cicadelles, sucent la sève et sont vecteurs de maladies.

Pour des raisons d'ordre pratique, les acariens (tétranyques, mites) sont placés dans ce groupe.

Ils appartiennent à la classe des arachnides car ils ont 8 pattes.

INSECTES
BROYEURS

INSECTES SUCEURS
ET ACARIENS

MALADIES

C'est par les symboles ci-dessus et par l'illustration que nous identifierons dans ce guide les principaux ennemis des plantes.

La larve du doryphore de la pomme de terre (insecte broyeur) est d'une couleur rougeâtre avec des points noirs sur les côtés du corps.

Le tétranyque du trèfle est un acarien à peine visible à l'oeil nu.

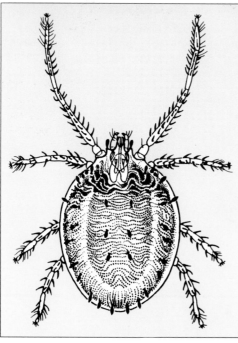

La punaise terne, dont voici la larve et l'adulte, est un insecte suceur qui s'attaque à toutes sortes de plantes.

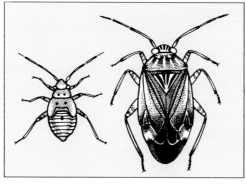

5

LES MALADIES

Les maladies des plantes sont d'origine parasitaire ou physiogénique.

Les maladies parasitaires sont causées par des champignons, bactéries, mycoplasmes, virus et nématodes. Elles se présentent sous forme de brûlures, moisissures, taches, pourritures, flétrissements, etc.

Les maladies physiogéniques sont dues à des conditions anormales de croissance : carence ou excès de certains éléments nutritifs, excès d'alcalinité ou d'acidité du sol, manque ou excès d'eau, température trop basse ou trop élevée, etc.

Le blanc du phlox est une maladie causée par un champignon microscopique.

LES MAUVAISES HERBES

Du point de vue botanique, il n'existe pas de différence entre une «bonne» et une «mauvaise» herbe. Une plante est dite mauvaise herbe lorsqu'elle est indésirable dans un endroit donné.

Les mauvaises herbes ou plantes adventices nuisent aux plantes cultivées en accaparant nourriture, humidité du sol et lumière. De plus, elles hébergent parfois des insectes nuisibles et certaines maladies parasitaires. L'utilisation de paillis de plastique et de membranes géotextiles est une pratique qui élimine les mauvaises herbes.

Le pissenlit est une mauvaise herbe fréquente dans les gazons.

LES VERTÉBRÉS NUISIBLES

Les vertébrés nuisibles se divisent en deux groupes : les mammifères et les oiseaux. Les mammifères nuisibles sont généralement des rongeurs qui grugent le tronc, les tiges et les racines des plantes. Les oiseaux s'attaquent surtout au maïs, toutefois, ils affectionnent les fruits (raisin, cerise, bleuet, etc.).

Les «oiseaux noirs» (carouges et mainates) sont très friands du maïs en train de mûrir.

PESTICIDES

Substance ou mélange de substances, chimiques ou biologiques, utilisé pour prévenir, combattre ou repousser les ennemis des cultures, tels insectes, maladies, mauvaises herbes, rongeurs, etc.

Ce qu'il faut absolument savoir
Les pesticides sont des produits qui doivent être utilisés avec grande précaution, lorsqu'aucun autre moyen de lutte n'est disponible et efficace.

(Voir de la page 16 à la page 19 les précautions à prendre dans leur emploi).

L'étiquette du pesticide contient toute l'information pertinente à ce sujet.

Pour votre sécurité, acheter et utiliser uniquement des pesticides vendus pour «USAGE DOMESTIQUE». Ne jamais utiliser de pesticides vendus pour «USAGES AGRICOLE, COMMERCIAL, INDUSTRIEL ou RESTREINT» (mots clés inscrits sur l'étiquette).

- ces produits sont généralement plus concentrés
- ils sont plus dangereux de manipulation
- leur formulation et leurs usages ne sont pas appropriés au jardin domestique

NOMS DES PESTICIDES

Plusieurs centaines de pesticides sont actuellement homologués et vendus au Canada. Chaque pesticide porte un **nom chimique** et un **nom commun.** Ces produits sont vendus dans des préparations portant une multitude de **noms commerciaux.** Plusieurs préparations commerciales contiennent plus d'un pesticide.

Dans tous les cas, le ou les noms communs des pesticides contenus dans un mélange commercial ainsi que leur concentration apparaissent **obligatoirement** sur l'étiquette à la suite du mot «GARANTIE»

Les noms communs du pesticide seront utilisés dans ce guide. Le lecteur devra consulter les étiquettes pour savoir si la préparation commerciale qu'il achète contient le ou les pesticides recommandés.

HOMOLOGATION DES PESTICIDES

L'homologation des pesticides est sous la responsabilité du ministère de l'Agriculture du Canada. Elle permet la commercialisation et l'emploi des pesticides uniquement pour les usages prescrits sur l'étiquette. Elle en garantit l'efficacité et l'innocuité.

Il est important de toujours utiliser un pesticide homologué pour les fins auxquelles il est prescrit. Pour s'en assurer, il convient de **lire attentivement l'étiquette du produit**.

SORTES DE PESTICIDES
Le pesticide utilisé est généralement fonction de l'ennemi cible.

• **Les insecticides** servent à lutter contre les insectes, les acariens et, par extension, certains autres invertébrés. Le carbaryl, par exemple, sert à combattre les insectes broyeurs comme les chenilles, tandis que le malathion sert à la répression des insectes suceurs comme les pucerons et les cicadelles.

| CARBARYL | |
| MALATHION | |

• **Les acaricides** ou miticides servent à lutter contre les acariens ou mites. Ils sont généralement vendus sous l'appellation d'insecticides. Le dicofol et l'endosulfan sont des acaricides.

• **Les fongicides** s'emploient pour lutter contre les maladies des plantes dues aux champignons parasites. Les fongicides ont peu d'effet sur les maladies bactériennes et aucun sur les maladies virales.

ACTION DU FONGICIDE		SORTE DE MALADIE PARASITAIRE
EFFICACE		FONGIQUE
PEU EFFICACE		BACTÉRIENNE
INEFFICACE		VIRALE

• **Les répulsifs** sont des substances qui protègent les cultures ou les produits récoltés **en tenant les animaux nuisibles à l'écart**.

• **Les rodenticides** s'emploient contre les rongeurs nuisibles, tel le campagnol des champs. Avant de les employer, il est bon de s'assurer que le ravageur est encore présent ou fréquente le jardin.

• **Les herbicides** sont destinés à la destruction des mauvaises herbes. Dans ce Guide, on recommande des herbicides pour les pelouses et les plantes ornementales. Pour détruire les mauvaises herbes du potager, il est préférable de recourir aux mesures préventives décrites à la page 89.

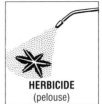

HERBICIDE
(pelouse)

DÉSHERBAGE MÉCANIQUE
(potager)

MÉLANGES DE PESTICIDES

Dans les produits à usage domestique, les fabricants vendent souvent des mélanges de deux ou plusieurs pesticides prêts à l'emploi pour permettre de lutter contre plusieurs ennemis en une seule application.

Cependant, l'emploi de mélanges de pesticides n'est pas toujours nécessaire. Dans bien des cas, les insectes et les maladies n'arrivent pas simultanément et exigent des traitements séparés.

Il est déconseillé de faire soi-même ses propres mélanges, car les produits ne sont pas toujours compatibles, c'est-à-dire qu'ils ne peuvent être mélangés entre eux pour diverses raisons.

INSECTICIDE + INSECTICIDE

Pour de petites étendues, on peut se procurer des mélanges «tout usage». Les mélanges insecticides servent généralement à combattre simultanément les insectes qui dévorent le feuillage, comme les chenilles, et ceux qui se nourissent de la sève, comme les pucerons; exemple: carbaryl + malathion.

CARBARYL
+
MALATHION

CHENILLES

PUCERONS

INSECTICIDE + FONGICIDE

Les préparations insecticide-fongicide répriment en même temps les insectes et les maladies; exemple: méthoxychlore + malathion + captane.

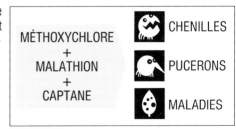

MÉTHOXYCHLORE
+
MALATHION
+
CAPTANE

CHENILLES

PUCERONS

MALADIES

PRÉPARATION SPÉCIALES

Il existe également sur le marché des mélanges qui combattent les ennemis d'une plante en particulier ; ainsi des préparations commerciales pour rosiers servent à réprimer le puceron, le tétranyque et la tache noire qui affectent presque régulièrement cette plante.

Les mélanges **herbicides** + **engrais** doivent être appliqués uniquement sur les pelouses. Il est très important de bien lire les recommandations du fabricant.

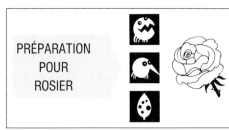

PRÉPARATION POUR ROSIER

MARQUES DE COMMERCE ET CONTENU

Les produits commerciaux pour jardins étant vendus sous de nombreuses marques de commerce, il est surtout important d'en vérifier le contenu : deux marques différentes peuvent contenir les mêmes produits et exactement le même pourcentage de matière active.

MÊME MÉLANGE

FORMULATIONS DES PESTICIDES
Préparations commerciales

Les pesticides à usage domestique se vendent sous plusieurs formes : poudre, poudre mouillable, solution, granules, etc. Ces préparations sont parfois identifiées par une abréviation en lettres majuscules après le nom du pesticide.

- **Poudre** (D, DU) : Ce matériel contient 3 à 10 % de matière active* et s'applique tel quel sur le sol ou sur la plante avec une poudreuse. Il est insoluble dans l'eau. Appliquer par temps calme lorsque le feuillage est humide.

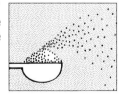

---

* **Matière active :** *constituant d'une préparation auquel est attribuée en tout ou en partie son efficacité.*

- **Poudre mouillable** (W, WP): Cette poudre, contenant généralement 5 à 50% de matière active* est également insoluble dans l'eau mais on y a ajouté des agents mouillants et des dispersants. Mélangée à l'eau, elle forme une bouillie qui s'applique à l'aide d'un pulvérisateur. Agiter régulièrement le pulvérisateur tout au long du traitement.

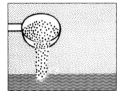

- **Suspension** (SU): C'est un liquide trouble et plus ou moins épais, composé de particules de matière active* en suspension dans un liquide. On l'applique à l'aide d'un pulvérisateur tel quel ou mélangé à l'eau. Agiter régulièrement le pulvérisateur tout au long du traitement.

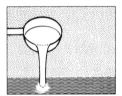

- **Granules** (G, GR): Ces substances, vendues sous forme de granules, s'emploient telles quelles, soit dans les sillons, soit sur le sol.

- **Appâts**: Les appâts contiennent une substance attractive ou nutritive, additionnée d'un produit toxique (exemple: les trappes à fourmis, le métaldéhyde contre les limaces, etc.)

- **Poudre soluble** (SP): C'est une poudre qui se dissout dans l'eau. La bouillie** est alors une solution qu'il n'est pas nécessaire d'agiter tout au long du traitement fait à l'aide d'un pulvérisateur.

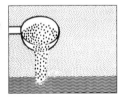

- **Solution** (SN): C'est un liquide limpide composé de matière active dissoute dans un solvant et qu'on dilue généralement dans l'eau. Pas nécessaire d'agiter le pulvérisateur.

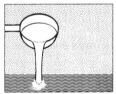

---

* **Matière active:** constituant d'une préparation auquel est attribuée en tout ou en partie son efficacité.

** **Bouillie:** tout mélange liquide prêt à l'emploi pour la pulvérisation.

- **Concentré émulsifiable** (E, EC) : Un liquide contenant la matière active*, un solvant et un émulsifiant. Mêlé à l'eau il forme une émulsion qu'on applique au pulvérisateur. Pas nécessaire d'agiter pendant le traitement.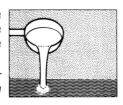

  ATTENTION : Le concentré peut dissoudre certains plastiques ou corroder certains métaux. Pour effectuer vos mesures utiliser un contenant en verre ou en acier inoxydable.

- **Bombe aérosol** ou canette sous pression : Ces bombes prêtes à l'emploi se vendent pour des problèmes de répression des insectes à l'extérieur ou à l'intérieur des maisons. À l'extérieur, pour des cas particuliers et limités, c'est un moyen de répression rapide.

  N.B. : Les bombes aérosol, utilisées pour le jardin, ne sont pas économiques et sont généralement moins efficaces que les applications conventionnelles.

PULVÉRISATEUR ET POUDREUSES

CHOIX D'APPAREILS

Pour réussir les traitements, le jardinier amateur doit disposer d'appareils dont le rendement est proportionné à l'étendue de ses plantations. C'est chez les grainetiers, les quincailliers et les jardineries qu'il trouvera les pulvérisateurs, poudreuses et les autres produits nécessaires. Il est préférable d'avoir un appareil pour les herbicides et un autre pour les insecticides et les fongicides.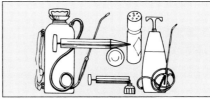

Au sujet du pulvérisateur sur tuyau d'arrosage, les différents modèles sur le marché n'ont pas tous la même précision nécessaire à une application contrôlée de la bouillie. Aussi est-il à déconseiller de s'en servir pour l'application d'herbicides, en raison des risques de dérives et d'épandage inégal.

La pulvérisation est le principal moyen **d'application des herbicides.** Cependant à certains endroits (près d'un jardin, plate-bande de fleurs, haie, arbres), cette méthode d'application peut présenter de grands risques. Le brouillard de pulvérisation peut dériver et causer des dommages à des plantes non visées par la pulvérisation.

** **Matière active** : constituant d'une préparation auquel est attribuée en tout ou en partie son efficacité.*

Dans ces endroits ou lorsque seulement quelques mauvaises herbes doivent être détruites, **l'utilisation d'un pinceau ou d'un rouleau à peinturer** peut être une solution avantageuse. Il suffit de préparer la bouillie comme pour l'application avec le pulvérisateur dans un récipient ouvert et de l'appliquer, avec un pinceau ou un rouleau à peinturer, seulement sur les mauvaises herbes à détruire. **Il est nécessaire de porter des gants de caoutchouc ou de néoprène non doublés pour se protéger les mains des** 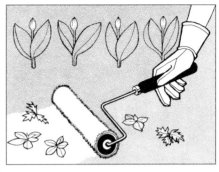 **éclaboussures possibles** (les gants de cuir ou de tissu sont à déconseiller). Les surplus de bouillie doivent être éliminés selon la méthode décrite à la page 16.

ENTRETIEN ET NETTOYAGE DES APPAREILS

Des appareils bien entretenus assureront d'excellents résultats et élimineront les risques pour la santé des utilisateurs. Les joints d'étanchéité des pulvérisateurs et les tuyaux de caoutchouc doivent être vérifiés régulièrement et changés au besoin.

Après chaque traitement, il est nécessaire de nettoyer à fond les appareils ; **un triple rinçage à l'eau est recommandé.** Les eaux de lavage doivent être versées dans le sol loin des puits, des étangs, des ruisseaux ou d'autres sources d'approvisionnement d'eau ; **ne jamais les vider dans les égouts.**

IMPORTANT

Il est fortement recommandé de ne pas utiliser le même pulvérisateur pour les herbicides et les autres pesticides.

Si on se sert du même pulvérisateur pour appliquer tous les pesticides, lorsqu'on vient de l'utiliser pour les herbicides un nettoyage particulier s'impose **immédiatement** pour éliminer tout risque de contamination et de dégât aux plantes dans un arrosage subséquent.

Le nettoyage doit enlever tous les résidus d'herbicide du réservoir, des conduits et de la buse. Après le triple rinçage mentionné plus haut, effectuer les opérations suivantes :

1. Ajouter de l'eau et faire fonctionner pour rincer à fond la conduite et la buse.

2. Remettre de l'eau dans le pulvérisateur en ajoutant un peu de détersif et d'ammoniaque domestique (si le pulvérisateur comporte des pièces en laiton, ne pas utiliser d'ammoniaque mais plutôt du bicarbonate de sodium) (soda à pâte).

3. Rincer et faire fonctionner pour enlever toute trace de détersif et d'ammoniaque.

4. Entreposer le pulvérisateur ouvert et la tête en bas.

COMMENT AGISSENT LES PESTICIDES?

Les pesticides agissent de plusieurs manières. Certains pesticides demeurent sur le feuillage (pesticides externes) ou pénètrent à l'intérieur de la plante (pesticides systémiques) et agissent sur l'ennemi par contact, par ingestion ou des deux façons à la fois.

Les pesticides systémiques **(insecticides, fongicides)** pénètrent par les feuilles, le tronc, les tiges ou les racines, sont transportés par la sève et se diffusent ainsi à l'intérieur de la plante. Leur emploi permet de rejoindre certains ennemis difficilement accessibles par des pesticides externes ou ayant des habitudes alimentaires particulières. Ainsi les larves de la mineuse du bouleau vivent entre les surfaces inférieure et supérieure des feuilles. Les pucerons et les cicadelles, insectes suceurs, se nourrissent de la sève des plantes.

Les **herbicides** peuvent détruire les mauvaises herbes de deux façons. Un premier groupe d'herbicides, comme le Paraquat, tuent par contact tous les tissus végétaux touchés. Ces produits ne sont pas transportés dans les plantes. Les mauvaises herbes vivaces peuvent repousser à partir de leurs racines après une application de ces herbicides qui ne sont généralement pas sélectifs ni résiduels.

D'autres **herbicides**, comme le 2, 4-D, agissent de façon systémique, pénétrant dans la plante et déréglant les processus métaboliques. Absorbés par les feuilles ou par les racines, ils peuvent être sélectifs et détruire une espèce sans en affecter une autre. Ces produits peuvent aussi être résiduels. Généralement les herbicides systémiques agissent de façon plus lente que les herbicides de contact.

PRÉPARATION DES BOUILLIES

La préparation des bouillies est une opération importante pour une bonne utilisation des pesticides. Ce travail doit s'effectuer en plusieurs étapes.

1. Mesurer le plus précisément possible la surface à traiter.
2. Calculer la quantité de pesticide nécessaire selon les recommandations.
3. Remplir le pulvérisateur environ jusqu'au ⅔ avec de l'eau propre.
4. Mesurer la quantité de pesticide nécessaire avec un contenant approprié (tasse à mesurer, cuillère, etc.)
5. Ajouter le pesticide à l'eau du pulvérisateur.
6. Bien fermer le couvercle du pulvérisateur.
7. Agiter le pulvérisateur pour homogénéiser la bouillie.
8. Mettre le pulvérisateur sous pression.
9. Pulvériser uniformément les surfaces ou les plantes en évitant le ruissellement.

RÉSIDUS SUR LES FRUITS ET LES LÉGUMES

Les résidus de pesticides ne devraient jamais dépasser les niveaux sécuritaires fixés par le ministère de la Santé et du Bien-Être social du Canada, si les produits sont utilisés selon **les directives du fabricant.**

Pour éliminer ou réduire les résidus de pesticides sur les fruits et les légumes :

1. Utiliser les pesticides uniquement lorsque nécessaire ;
2. Respecter la dose et le nombre de traitements recommandés ;
3. Respecter scrupuleusement l'**intervalle de sécurité*** ;
   * *L'intervalle de sécurité est le nombre de jours qu'il faut respecter entre le dernier traitement et la récolte.* Ce nombre de jours apparaît sur l'étiquette du contenant. Pour une même culture, les intervalles à respecter ne sont pas nécessairement les mêmes pour tous les produits utilisés. Il en est de même pour toutes les cultures pour lesquelles un produit est homologué.
4. Laver soigneusement les fruits et les légumes avant de les manger.

ENTREPOSAGE DES PESTICIDES

POUR CONSERVER AUX PRODUITS LEUR EFFICACITÉ ET ASSURER UN ENTREPOSAGE SÉCURITAIRE :

1. Entreposer les pesticides hors d'atteinte des enfants et des animaux, dans un local ou une armoire fermée à clef et ne contenant pas de nourriture ou de médicaments. *N.B. : se rappeler que la majorité des victimes de cas d'empoisonnements par les pesticides sont des **enfants de moins de 5 ans.***
2. **Toujours garder les pesticides dans leurs contenants originaux et s'assurer qu'ils sont très bien fermés. Enfermer les contenants dans un sac de plastique scellé.**
3. Entreposer les pesticides dans un endroit frais et sec, à l'abri de la gelée ou d'une température élevée.
4. Éviter d'emmagasiner les herbicides à proximité des insecticides, des fongicides et des engrais chimiques.

ÉLIMINATION DES SURPLUS DE BOUILLIES

Règle générale, lorsque les aires à traiter et les taux d'application sont calculés avec précision et respectés, les surplus sont inexistants ou très faibles. Les surplus doivent être versés dans le sol loin des puits, des étangs, des ruisseaux ou d'autres sources d'approvisionnement d'eau ; **ne jamais les vider dans les égouts.** Ils ne doivent pas être conservés pour d'autres traitements. Pour le nettoyage des appareils, voir page 14.

PRÉCAUTIONS À PRENDRE DANS L'EMPLOI DES PESTICIDES

Pour protéger la santé des personnes et des animaux et l'environnement

ÉLIMINATION DES CONTENANTS DE PESTICIDES

Les contenants vides doivent être détruits ou éliminés immédiatement. Ils ne doivent être utilisés à aucune autre fin.

Il est fortement recommandé de rincer 3 fois à l'eau les contenants vides et de verser l'eau de rinçage dans le réservoir du pulvérisateur, puis de percer les contenants afin de les rendre inutilisables.

Emballer les récipients ainsi rincés dans d'épaisses couches de journaux et les placer dans une poubelle extérieure juste avant le ramassage des déchets; les garder sous clé jusqu'à ce moment-là.

L'étiquette du produit donne toute l'information pertinente à ce sujet.

TOXICITÉ DES PESTICIDES

Les pesticides peuvent être toxiques aux êtres humains et aux animaux.

Les intoxications surviennent à la suite d'un contact cutané, d'une ingestion ou d'une inhalation du produit. Les intoxications par ingestion sont les plus fréquentes.

Les enfants sont les principales victimes des intoxications par les pesticides qui surviennent suite à un entreposage inadéquat du produit.

Lire attentivement l'étiquette. Elle identifie par des symboles le degré et la nature des risques du pesticide vendu.

ÉTIQUETTE D'UN PESTICIDE

Elle comprend toute l'information nécessaire pour une **utilisation sécuritaire et efficace** du pesticide.

Sa lecture doit être la première des étapes à franchir avant d'effectuer un traitement pesticide.

SYMBOLES QUI IDENTIFIENT SUR L'ÉTIQUETTE LE DEGRÉ ET LA NATURE DES RISQUES DU PESTICIDE VENDU

DEGRÉ DU RISQUE*

Symbole	Mot indicateur
⯃	DANGER
◇	AVERTISSEMENT
▽	ATTENTION

NATURE DU RISQUE

Symbole	Mot indicateur
☠	POISON
🔥	INFLAMMABLE
💥	EXPLOSIF
⚗	CORROSIF

* Plus le symbole a de côtés, plus le risque est élevé.

EXEMPLE

Symbole	Signification
☠	EXTRÊMEMENT TOXIQUE
☠	TOXIQUE
☠	MODÉRÉMENT TOXIQUE

N.B. : Il n'y a pas de symbole inscrit sur l'étiquette lorsque le produit a une faible toxicité, est ininflammable, non explosif et non corrosif.

1. Employer seulement un pesticide homologué pour «Usage DOMESTIQUE». Ne jamais employer de pesticides pour «Usage AGRICOLE, COMMERCIAL, INDUSTRIEL, ou RESTREINT».

2. Entreposer sécuritairement les pesticides (voir page 16). Garder les pesticides dans leurs contenants originaux.

3. Avant d'employer un pesticide, lire attentivement toutes les directives sur l'étiquette et s'y conformer. Les renseignements écrits en caractères plus petits sont tout aussi importants.

4. Utiliser un contenant spécial pour effectuer vos bouillies; ne jamais utiliser des accessoires de cuisine.

5. En tout temps, mais surtout lorsqu'on manipule un pesticide concentré, éviter les contacts avec les mains, les yeux et le corps et d'en respirer les émanations. Porter des gants de caoutchouc ou de néoprène non doublés (les gants de cuir ou de tissu sont à déconseiller), de bons vêtements protecteurs et tout autre équipement recommandé par le fabricant *(consulter l'étiquette)*. Ne jamais travailler torse nu, pieds nus ou en short. Il est également contre-indiqué de porter des lentilles cornéennes souples et hydrophiles lors de l'application de pesticides. Ces lentilles sont directement affectées par certains pesticides et occasionnent des irritations de l'œil.

6. En tout temps, éviter de fumer, boire ou manger en manipulant et en appliquant des pesticides.

7. Faire les traitements par temps calme et se protéger des buées et dérives de pesticides. Éviter de contaminer les piscines et les accessoires de jardin.

8. Éloigner en tout temps les enfants et les animaux domestiques du lieu d'application. L'application de pesticides doit se faire par des adultes; ce n'est pas une opération familiale.

9. Bien fermer les fenêtres de la maison lorsque les applications sont faites à proximité.

10. Songer à votre voisin; éviter la dérive ou une contamination accidentelle de ses biens.

11. Utiliser des insecticides en période de floraison met sérieusement en danger les insectes pollinisateurs *(abeilles)*. Mieux vaut faire les traitements en fin de journée.

12. Ne jamais laisser un contenant de pesticide ouvert pendant les traitements. Le fermer et le placer hors d'atteinte des enfants et des animaux.

13. Se laver soigneusement les mains et le visage après avoir fait usage de pesticides. Laver les vêtements contaminés avant de les remettre.

14. Éliminer sécuritairement les surplus de pesticides et les contenants *(voir pages 16 et 17)*.

15. Observer scrupuleusement l'INTERVALLE DE SÉCURITÉ *(consulter l'étiquette)* entre le dernier traitement et la récolte, lorsqu'il s'agit de fruits et de légumes ; bien laver avant de consommer.

Pour tout renseignement sur les pesticides, s'adresser à :

INFO-PESTICIDES
Agriculture Canada

1-800-267-6315
(sans frais)

CONDUITE GÉNÉRALE À TENIR EN CAS D'INTOXICATION PAR LES PESTICIDES
Tableau préparé par le Centre de toxicologie du Québec

INTOXICATION PAR INGESTION

Ne pas faire vomir si :
la personne intoxiquée est **somnolente, inconsciente,** en **convulsions**
ou a absorbé :
— un pesticide mélangé avec des hydrocarbures (huiles, solvants, etc.) ;
— un pesticide corrosif (identifié par un squelette de la main sur l'étiquette du produit) ;
— un produit moussant (détergent, savon, etc.).

S'il n'y a pas de contre-indications aux vomissements provoqués et après un appel au Centre antipoisons* faire vomir à l'aide du sirop d'Ipéca** (à partir de l'âge de 1 an, donner une dose de 30 ml) dilué dans un verre d'eau ; répéter la dose une seule fois seulement après 15 ou 20 minutes, s'il n'y a pas eu de vomissement.

S'il y a une contre-indication ou si le sirop d'Ipéca n'est pas disponible, et sur les conseils d'un médecin, transférer le malade à la salle d'urgence.

* Partout au Québec   **1-800-463-5060 (sans frais)**
  Ville de Québec et environs   **656-8090**

** N.B. : Les personnes qui manipulent ces substances devraient conserver à leur domicile au moins deux bouteilles de 30 ml de sirop d'Ipéca. On peut se procurer ce produit à la pharmacie sans prescription. **Avant de l'administrer, il est préférable de contacter par téléphone le Centre antipoisons du Québec.**

INTOXICATION PAR INHALATION

1. Sortir la personne de l'atmosphère contaminée avec les précautions d'usage (masque, si nécessaire);
2. Si le malade présente des troubles respiratoires (coloration bleutée des lèvres), pratiquer la respiration artificielle (bouche à bouche) en attendant l'arrivée d'un médecin ou le transfert à la salle d'urgence.

INTOXICATION PAR CONTACT CUTANÉ

Presque tous ces produits sont facilement absorbés par la peau:

1. Enlever les vêtements contaminés avec les précautions d'usage (gants notamment);
2. Laver abondamment la peau à l'eau seulement;
3. Si la personne présente des signes d'intoxication, se présenter à la salle d'urgence.

INTOXICATION PAR CONTACT OCULAIRE

1. Laver abondamment les yeux avec de l'eau;
2. Si l'irritation oculaire persiste ou si le lavage est difficile à réaliser, se présenter à la salle d'urgence pour un lavage oculaire efficace.

Dans tous les cas d'appel téléphonique ou de transport vers une salle d'urgence ou un centre antipoison, il est essentiel d'avoir à la portée de la main le **contenant de pesticide** ou, au moins, **l'étiquette** pour permettre l'identification du produit en cause.

LÉGUMES ET FLEURS

FONTE DES SEMIS

La fonte des semis est le premier obstacle à éviter. Elle est caractérisée par le dépérissement des plantules au moment de la germination et de la levée.

Symptômes. Pourriture, étranglement et affaiblissement de la base (collet) de la tige, puis flétrissement et renversement des plantules sur le sol.

Prévention. Désinfecter la semence et le terreau, éviter les excès d'humidité en surface du sol. Les sols lourds et les excès d'engrais peuvent également favoriser l'apparition de la maladie.

Plantules de concombre détruites par la **fonte des semis.** Cette maladie causée par des champignons du sol peut affecter les plantules de beaucoup d'autres espèces comme la tomate, le piment, le chou, la laitue, le zinnia, le pétunia, etc...

SEMIS EN CAISSETTES, SERRES OU COUCHES
Moyens de lutte

1. **Désinfection du terreau.** Si possible, acheter un terreau déjà préparé et stérilisé. Sinon, protéger les semis de la façon suivante : saupoudrer uniformément du captane 10-W sur le terreau à raison de 3 c. à table par mètre carré et mêler soigneusement avec un outil à jardinage.

2. **Désinfection de la semence.** Acheter une semence traitée ou la traiter soi-même avec du captane 10-W, (l'extrémité d'une c. à thé par enveloppe de graines).

3. **Traitement du semis.** Si le terreau et la semence n'ont pas été traités, mouiller copieusement les semis avec du captane 10-W, 1 c. à table par litre d'eau, à raison de 10 litres de bouillie par mètre carré de semis.

   Ce traitement se fait à la levée des plantes au moyen d'un arrosoir et se répète deux autres fois à 10 jours d'intervalle.

4. **Arrosage et ventilation.** Comme la fonte des semis se développe par température fraîche et humide, donc surtout le soir et la nuit, arroser les semis de préférence en matinée, afin que les plants soient secs à la fin de l'après-midi. Ventiler en conséquence les serres et les couches.

SEMIS DIRECTS DANS LE JARDIN
Appliquer les moyens décrits précédemment en 2 et 3.

Maladies foliaires et flétrissements

 Maladies foliaires. Ces maladies caractérisées par les taches et brûlures qu'elles provoquent sur les feuilles sont causées par des microorganismes que favorisent en général des températures fraîches et une humidité relative élevée, conditions que l'on retrouve surtout en fin de journée et durant la nuit.

Pour éviter ces conditions, il est préférable d'arroser les plantes tôt en matinée pour qu'elles aient le temps de sécher durant la journée.

 Flétrissements. Ramollissement des feuilles (souvent d'un seul côté de la tige) suivi de jaunissement, puis de brunissement.

Arracher les plantes montrant ces symptômes et les éliminer en évitant de les utiliser pour la fabrication du compost.

Durant au moins 4 ans, ne planter sur ce site ni aubergine, piment, pomme de terre, tomate, fraisier ou framboisier.

MAUVAISES HERBES

Le sarclage manuel ou mécanique est un bon moyen de répression des mauvaises herbes dans le jardin domestique. L'utilisation d'herbicides n'est pas recommandable à cause du trop grand nombre d'espèces de légumes et de leur proximité les unes des autres. Cependant, quelques moyens préventifs peuvent diminuer les problèmes de mauvaises herbes.

MOYENS PRÉVENTIFS

1. Éliminer les mauvaises herbes vivaces (chiendent et autres) avant d'implanter le jardin. Le travail fréquent du sol en période sèche élimine les plantes vivaces.

2. Au printemps, travailler le sol avant le semis ; ensuite éviter le plus possible de le travailler en profondeur, cela favoriserait la germination d'autres graines de mauvaises herbes.

3. Effectuer les sarclages manuels lorsque le sol est humide, en prenant soin d'arracher complètement les mauvaises herbes (tiges et racines). Les sarclages doivent s'effectuer lorsque les mauvaises herbes sont jeunes, pour les empêcher de produire des graines qui réinfesteraient le sol.

4. Effectuer les sarclages mécaniques lorsque le sol est sec, avec des instruments bien affûtés. Couper les mauvaises herbes en dérangeant le moins possible la surface du sol.

5. Tondre ou faucher fréquemment les abords du jardin, en rejetant l'herbe coupée à l'extérieur du jardin.

6. L'utilisation de paillis de plastique et de paillis organique, dans les allées et entre les plants de certaines cultures (exemple : tomates), est une bonne technique pour empêcher la croissance des mauvaises herbes.

L'élimination des mauvaises herbes par le sarclage favorise une croissance vigoureuse des plantes.

ENNEMIS COMMUNS

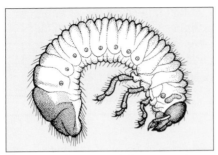

1 La larve du **hanneton** varie de grosseur selon son âge. Son corps mou et blanchâtre contraste avec sa tête et ses longues pattes brunes.

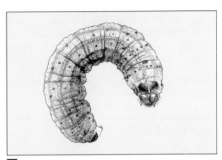

2 Pendant la nuit, le **ver gris** coupe le collet des plantules du parterre ou du potager. Grattez la terre à 2 cm de profondeur pour trouver le coupable enroulé non loin du plant tombé.

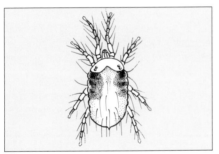

3 Les **tétranyques,** acariens minuscules, se tiennent sous le feuillage du concombre qui se décolore par zones jaunâtres.

4 Laissant une traînée visqueuse sur leur passage, les **limaces** sortent la nuit ou par temps pluvieux et préfèrent le feuillage de la laitue et du chou.

5 Le forficule ou perce-oreilles

Ver blanc (hanneton) : larve blanchâtre, arquée, dont la tête et les pattes sont brunes et que l'on trouve dans le sol. Elle se nourrit de racines et autres parties souterraines de divers végétaux. Les plants flétrissent et se dessèchent. (voir page 24, fig. 1)

Cet insecte est surtout présent dans le gazon. C'est donc un problème, seulement lorsqu'on veut établir un jardin à ces endroits. Travailler alors le sol une saison avant de semer, si on a trouvé ces larves dans le sol.

Ver gris : les larves coupent les plants au collet pendant la nuit. On les trouve au pied des plants, dans les trois premiers centimètres du sol ; elles s'enroulent au toucher. (voir page 24, fig. 2)

Ces insectes sont importants lors de la levée des plants et de la plantation. Si on observe des plants coupés, gratter le sol autour du plant où se trouve habituellement la larve et la détruire. Lors de fortes infestations, traiter à la perméthrine*. Ce traitement est inefficace le jour, traiter en soirée.

Forficules (perce-oreilles) : insectes allongés de couleur brun rougeâtre, munis de pinces à l'extrémité de l'abdomen. La nuit, ils grignotent les jeunes plants, endommagent les fruits et les légumes. Le jour, ils se cachent dans les fissures, dans les tiges creuses, dans le mobilier du jardin, etc. Ils grimpent aux murs des maisons et y pénètrent par portes et fenêtres. (voir page 24, fig. 5)

S'ils sont nombreux, ces insectes peuvent causer beaucoup de dommages. Dans ce cas, il est possible de traiter les endroits infestés en utilisant le carbaryl sous forme d'appât, le diazinon, le savon insecticide, ou encore le dioxyde de silice. Appliquer ces produits en fin de journée, le long des fondations, des trottoirs, des clôtures, des piles de bois, amoncellements de débris, etc. En présence de populations moins importantes, utiliser divers types de pièges : l'huile de poisson (boîte de sardines enfoncée jusqu'au niveau du sol), rouleau de papier journal. Il est important de visiter ces pièges tous les matins et de les débarrasser des perce-oreilles. On peut aussi arroser les nids avec de l'eau bouillante.

Nitidule à 4 points : petit coléoptère noir avec 4 taches jaunâtres sur le dos. C'est un insecte très incommodant dans le Sud-Ouest du Québec à partir de la mi-juillet. Il s'attaque aux plants déjà blessés, aux fruits mûrs et à la nourriture placée à l'extérieur.

Utiliser un appât fait de bananes mûres écrasées. Placer cet appât dans une assiette en aluminium recouverte d'une autre assiette perforée. Visitez le piège tous les jours et détruisez les nitidules présents. Un piège par 15 m de rayon suffit.

Pucerons : petits insectes suceurs, fragiles, généralement verdâtres et qui se déplacent lentement. Ils vivent en groupe sous les feuilles qu'ils décolorent et déforment. (voir page 32, fig. 3)

Pour les moyens de lutte, se référer à la culture.

---

* *Se conformer aux directives de l'étiquette et respecter l'intervalle de sécurité.*

Tétranyque à deux points: acarien à peine visible à l'œil nu qui cause de minuscules mouchetures blanchâtres sur les feuilles. Celles-ci prennent une teinte grisâtre, puis brunissent et tombent. Lors de fortes infestations, ce tétranyque tisse sous les feuilles de fines toiles d'araignée où il s'abrite. (voir page 24, fig. 3)

Traiter avec un savon insecticide ou avec l'acaricide dicofol dès l'apparition des premiers symptômes et répéter deux autres fois à 7 à 10 jours d'intervalle*. L'usage abusif de certains insecticides dont le carbaryl peut favoriser la prolifération des tétranyques.

Escargots et limaces: mollusques visqueux avec ou sans coquille qui grignotent le feuillage. Sont actifs la nuit et par temps doux et humide. (voir page 24, fig. 4)

Ne laisser aucun tas de déchets de plantes ou de mauvaises herbes dans le jardin. Épandre de la chaux hydratée autour du potager ou utiliser le moyen suivant pour les attirer et les noyer: en fin de journée, déposer de la bière dans des assiettes légèrement enfouies dans le sol à la périphérie du jardin; vider les assiettes chaque matin et répéter ce moyen si le problème persiste. Déposer le jour un objet plat sur le sol. Les limaces s'y abriteront et le lendemain on les ramassera à la main. On peut aussi utiliser un appât à base de métaldéhyde que l'on épandra le soir aux abords du potager. Important: couvrir cet appât (planche, pierre, etc.), car il est attirant et toxique pour les chiens, les oiseaux et les enfants.

INSECTES UTILES

Millipèdes   Centipèdes   Cloportes

Millipèdes, centipèdes, cloportes: des bestioles d'allure peu engageante qui se tiennent dans les endroits sombres et humides et dans la matière végétale en décomposition. Elles ont un rôle à jouer dans l'écosystème et ne causent habituellement pas de dommage aux plantes du jardin domestique.

Il ne serait donc pas indiqué de leur faire une guerre à outrance.

En plus de ces bestioles plus ou moins anodines présentes dans votre jardin, il y a aussi des insectes nettement utiles que vous auriez tort d'éliminer par un usage intempestif de pesticides. Ainsi, les larves et les adultes des **coccinelles** et des **chrysopes** font une consommation impressionnante de pucerons et contribuent à en maintenir les populations à un niveau acceptable. Sachez donc reconnaître vos amis et vous profiterez d'une association stratégique avec des alliés naturels.

* Se conformer aux directives de l'étiquette et respecter l'intervalle de sécurité.

DEUX INSECTES UTILES

Au cours de sa vie, une **coccinelle** peut dévorer jusqu'à 800 pucerons, contribuant ainsi avec d'autres prédateurs et parasites à réduire les populations de ces insectes.

À l'état larvaire (à gauche) et à l'état adulte (à droite), la **chrysope aux yeux d'or** est, comme la coccinelle, un prédateur efficace de pucerons.

MOUCHE DU CHOU

1 Si vos choux flétrissent facilement au soleil, les larves de la **mouche du chou** en sont peut-être la cause. (Autre possibilité, voir page 38, fig. 4).

2 Dégât de larves de la **mouche du chou** sur un rutabaga.

3 Larves de la **mouche du chou**; elles s'attaquent à toutes les espèces de cette famille (chou, chou-fleur, brocoli, rutabaga, radis etc.)

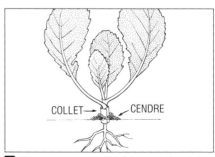

COLLET→   ←CENDRE

4 Ce petit collet de carton ciré est entouré de cendre de bois et empêche la **mouche du chou** de pondre ses œufs à la base des jeunes plants.

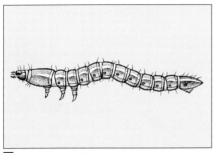

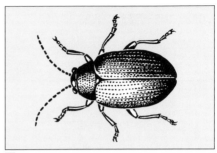

1 **Le taupin** (ver fil de fer). Larve cylindrique dure et luisante. Elle creuse des galeries dans les pommes de terre, carottes, navets, etc...

2 **L'altise,** un tout petit insecte noir métallique, peut faire des bonds prodigieux. Elle crible de trous les feuilles des jeunes plants de crucifères.

AUBERGINE

Altises : minuscules insectes sauteurs, de couleur noirâtre, qui criblent le feuillage de petits trous ronds. Ils sautent dès qu'on les dérange.

Les altises peuvent être dommageables seulement en début de saison alors qu'elles mangent les jeunes feuilles. Les traitements au méthoxychlore, au carbaryl ou au roténone sont rarement nécessaires.

Doryphore : gros coléoptère de couleur jaune, rayé de bandes noires. La larve arquée et rougeâtre porte deux rangées de points noirs sur les côtés de l'abdomen. (voir page 32, fig. 1 et 2).

Surtout dommageable lors de la plantation. Ramasser les adultes et les larves à la main ou en secouant les plants au-dessus d'un récipient et les détruire. Écraser les masses d'œufs orangés sous la surface des feuilles. Visiter régulièrement les plants de mai à juillet. Ces moyens suffisent à diminuer le nombre d'insectes.

Taches sur feuilles et fruits : taches brunâtres formées de zones concentriques et recouvertes de moisissure noire.

Traiter avec un mélange contenant du zinèbe* dès l'apparition des tâches.

BETTE À CARDE (POIRÉE)

Punaise terne : insecte brun terne qui pique les nervures et provoque des malformations du feuillage et des décolorations du pétiole. (page 33, fig. 1)

Rarement nécessaire de traiter. Dans le cas d'une infestation importante, traiter au malathion*.

BETTERAVE

Mineuses : les larves creusent des galeries dans les feuilles entre les épidermes.

Pas nécessaire de traiter.

* Se conformer aux directives de l'étiquette et respecter l'intervalle de sécurité.

Gale commune : lésions liégeuses brunes circulaires formant une croûte sur la racine.

Maladie du sol. Éviter les applications de fumier frais. Maintenir l'humidité constante par des arrosages réguliers.

CAROTTE ET PANAIS

  Mouche de la carotte (asticot) : Les larves blanc jaunâtre se nourrissent des racines, y creusant des galeries superficielles.

Si l'insecte était présent l'année précédente, traiter au diazinon à la fin de mai et à la 3e semaine de juin. Pour éviter d'autres traitements récolter avant le début d'octobre.

 **Ver gris :** les larves coupent les plants au collet pendant la nuit. On les trouve au pied des plants, dans les premiers centimètres du sol ; elles s'enroulent au toucher (voir page 24, fig. 2).

Ces insectes sont importants lors de la levée des plants et de la plantation. Si on observe des plants coupés, gratter le sol autour du plant où se trouve habituellement la larve et la détruire. Lors de fortes infestations, traiter au carbaryl*. Ce traitement est inefficace le jour, traiter en soirée.

  Vers fil de fer (taupins) : voir pomme de terre, page 37.

 Papillon du céleri : voir céleri, page 31.

 Taches foliaires : petites taches brunes, arrondies, souvent entourées d'un halo jaune.

Ces taches sont causées par des champignons qui se développent lorsque le feuillage reste humide longtemps. Irriguer tôt le matin. Les traitements fongicides ne sont pas justifiés.

Malformations : racines fourchues ou crochues à petits ou gros renflements.

Causées par tout ce qui peut s'opposer au développement des racines : semis trop dense, sol trop dur ou caillouteux, dommages d'insectes du sol ou de nématodes (petits vers microscopiques). Ameublir le sol et l'enrichir de matière organique.

---

* Se conformer aux directives de l'étiquette et respecter l'intervalle de sécurité.

INSECTES DU FEUILLAGE

1 La **piéride du chou** est un papillon blanc ponctué de noir. La femelle pond ses œufs sur les feuilles de chou.

2 La chenille verte de la **piéride** atteindra 3,20 cm avant de se transformer en chrysalide (en haut).

3 Voilà deux larves de **piéride** bien camouflées, mais les dégâts sautent aux yeux : il ne reste que les nervures des feuilles.

4 La **fausse-arpenteuse,** une chenille vert pâle à la démarche caractéristique, est aussi vorace que la piéride.

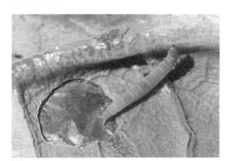

5 La **fausse-teigne des crucifères,** plus petite, mange le dessous des feuilles en laissant une membrane translucide. Verte avec la tête brun-verdâtre, elle se tortille vers l'arrière si on la dérange.

6 Dès que les larves de la **pyrale du maïs** ont pénétré la tige ou l'épi, elles sont hors d'atteinte des insecticides et tout traitement devient inutile.

CÉLERI

 Coeur noir: Les feuilles du coeur noircissent et se dessèchent.

Manque de calcium relié à un apport d'eau irrégulier. Appliquer une solution de chlorure ou de nitrate de calcium dès que les jeunes plants referment leurs pétioles pour former un coeur. Garder un degré constant d'humidité dans le sol.

 Papillon du céleri: larve dodue, verte, rayée de bandes transversales noires. Lorsqu'on la dérange, deux appendices de couleur orangée sortent d'une ouverture derrière la tête, dégageant une odeur désagréable. (voir page 33, fig. 2).

Cet insecte ne cause habituellement pas de dommages sérieux, il suffit d'enlever les larves avec des gants ou avec un pinceau.

CHOUX (CHOU, CHOU-FLEUR, BROCOLI, CHOU DE BRUXELLES, CHOU CHINOIS)

 Chenilles (piéride du chou, fausse-arpenteuse du chou, fausse-teigne des crucifères): la piéride du chou est la plus commune; c'est une larve verte et veloutée qui dévore le feuillage (voir page 30, fig. 1, 2 et 3).

Si on veut obtenir des choux, il faut absolument commencer à traiter dès l'apparition des adultes (papillons blancs) et répéter chaque semaine. Traiter avec le *Bacillus thuringiensis* ou avec le roténone*. Ces traitements contrôleront aussi la fausse-teigne des crucifères et la fausse-arpenteuse.

  Mouche du chou (asticot): petites larves blanchâtres qui grugent les racines et la base des feuilles dans le cas du chou chinois (voir page 27, fig. 3 à 5).

Au moment de la transplantation, entourer la base des plants d'un carton goudronné ou ciré, (voir page 27, fig. 6) en rajoutant 1 cm de cendre de bois dur autour du collet, ou encore traiter au diazinon, immédiatement après la transplantation*. Si la transplantation se fait après la mi-juin, le traitement n'est habituellement pas nécessaire.

Chou chinois: 3 traitements à 1 semaine d'intervalle à partir de la mi-août (diazinon ou malathion). Bien couvrir le feuillage et la base du plant.

 Hernie: renflements et déformations des racines. Flétrissement des plants pendant les journées chaudes et ensoleillées (voir page 38, fig. 4).

Causée par un champignon qui vit plusieurs années dans le sol, cette maladie est difficile à réprimer. Éviter d'utiliser des sujets malades (examiner les racines) et ne pas planter dans un terrain où cette maladie s'est déjà manifestée. Aucun traitement efficace n'est disponible.

* Se conformer aux directives de l'étiquette et respecter l'intervalle de sécurité.

Nervation noire: jaunissement commençant en bordure des feuilles; les nervures apparaissent noires et les plants finissent par dépérir.

Maladie causée par une bactérie. Ne pas travailler dans le jardin lorsque les plants sont mouillés, car très rapidement la maladie se propagera. Éviter d'arroser le feuillage. Aucun traitement efficace de disponible.

CONCOMBRE, COURGE, COURGETTE, CITROUILLE, CANTALOUP, MELON D'EAU

 Mosaïque: feuillage et fruits marbrés vert pâle et de vert foncé; rabougrissement et dessèchement de la plante. Maladie causée par un virus qui est propagé par des pucerons.

Utiliser une variété résistante. **Concombre:** Marketmore, Meridian. **Cornichon:** Pioneer, Perfecto Verde, Earlypik, Greenspear. Les traitements chimiques contre les pucerons sont inutiles.

INSECTES DU FEUILLAGE

1 Dès le mois de mai les adultes du **doryphore de la pomme de terre** émergent du sol pour s'accoupler et pondre des œufs orangés sous les feuilles des plants de pomme de terre et d'aubergine.

2 Trois stades larvaires (2e, 3e et 4e) du **doryphore de la pomme de terre.** L'appétit des larves augmente avec leur taille si bien qu'une forte population peut complètement défolier les plants.

3 Les **pucerons,** généralement verts, se groupent sur les bourgeons et sous les feuilles des nouvelles pousses.

4 La **coccinelle,** une précieuse alliée dans votre jardin, dévore une foule de pucerons. L'adulte est bien connu et voici la larve bleue et orangée en train de manger sa proie.

1 La **punaise terne** se déplace rapidement et reste difficile à observer car elle s'envole à la moindre alerte.

2 Striées de vert, de jaune et de noir, les chenilles du **papillon du céleri** s'attaquent au feuillage des ombellifères du potager. On les voit ici sur des plants d'aneth, mais on les rencontre également sur le persil et la carotte. L'adulte est un beau papillon noir tacheté de jaune.

LÉGUMES

 Flétrissement bactérien : flétrissement soudain et mort rapide des plants.

Maladie bactérienne propagée par la chrysomèle rayée du concombre. Pour prévenir cette maladie, il faut lutter contre cet insecte.

 Ver gris : voir, carotte, page 29

 Chrysomèle rayée du concombre : petit insecte jaune doré, rayé de trois bandes longitudinales noires. Il grignote les tiges et les feuilles et *propage la flétrissure bactérienne* qui cause la mort des plants. Surtout présent dans le Sud-Ouest du Québec.

Traiter au méthoxychlore ou au roténone dès l'apparition de cet insecte*.

 Tétranyque à deux points : acarien à peine visible à l'œil nu qui cause de minuscules mouchetures blanchâtres sur les feuilles. Celles-ci prennent une teinte grisâtre, puis brunissent et tombent. Lors de fortes infestations, ce tétranyque tisse sous les feuilles de fines toiles d'araignée où il s'abrite (page 24, fig. 3).

Appliquer un savon insecticide sous les feuilles, ou traiter avec l'acaricide dicofol dès l'apparition des premiers symptômes et répéter deux autres fois à 7 à 10 jours d'intervalle*. L'usage abusif de certains insecticides dont le carbaryl peut favoriser la prolifération des tétranyques.

Taches foliaires : taches de forme arrondie, concentrique ou angulaire et de couleur brune.

Généralement, aucun traitement n'est nécessaire. Éviter d'arroser le feuillage.

---

* Se conformer aux directives de l'étiquette et respecter l'intervalle de sécurité.

33

Galle: sur les fruits, cavités liégeuses brunâtres pouvant laisser couler une gomme.

> Seule l'apparence extérieure du concombre est affectée. Un traitement n'est pas justifié.

Amertume du concombre: le fruit goûte amer. Il n'y a pas de signe extérieur évident.

> Problème physiologique de la culture. Éviter le stress de culture (manque d'eau et d'engrais).

HARICOT

 Ver gris: voir carotte, page 29

 Taches des feuilles et des gousses (anthracnose, tache bactérienne): taches de forme arrondie, de couleur brune à rouge sur les feuilles et les gousses (voir page 38, fig. 3).

> Éviter de toucher aux plants lorsqu'ils sont mouillés pour ne pas propager la maladie; récolter seulement lorsque le feuillage est sec. Ne pas arroser le feuillage.

 Pourriture sclérotique: pourriture molle des gousses et des tiges recouvertes souvent de duvet blanc et dense qui renferme des petits grains noirs.

> Éviter les semis trop denses.

LAITUE

 Pucerons: petits insectes suceurs, fragiles, généralement verdâtres et qui se déplacent lentement. Ils vivent en groupe sous les feuilles qu'ils décolorent et déforment. Un problème surtout sur les laitues en feuilles (voir page 32, fig. 3).

> Traiter dès l'apparition de ces insectes avec du savon insecticide. Il faudra peut-être répéter le traitement 3 à 4 jours plus tard. Bien laver les feuilles de laitue à la récolte.

 Punaise terne: voir bette à carde, page 28

Escargots et limaces: mollusques visqueux avec ou sans coquille qui grignotent le feuillage. Sont actifs la nuit et par temps doux et humide (voir page 24, fig. 4).

> Ne laisser aucun tas de déchets de plantes ou de mauvaises herbes dans le jardin. Épandre de la chaux hydratée ou de la cendre autour du potager ou utiliser le moyen suivant pour les attirer et les noyer: en fin de journée, déposer de la bière dans des assiettes légèrement enfouies dans le sol à la périphérie du jardin; vider les assiettes chaque matin et répéter l'opération si le problème persiste. Déposer le jour un objet plat sur le sol. Les

---

* Se conformer aux directives de l'étiquette et respecter l'intervalle de sécurité.

limaces s'y abriteront et le lendemain on les ramassera à la main. On peut aussi utiliser un appât à base de métaldéhyde que l'on épandra le soir aux abords du potager. Important : couvrir cet appât (planche, pierre, etc.), car il est attirant et toxique pour les chiens, les oiseaux et les enfants.

 Taches foliaires : duvet blanchâtre sous les feuilles (**mildiou**) ou gris sur les feuilles, taches jaunes puis brunes suivies de la pourriture des feuilles (**moisissure grise**) (voir page 38, fig. 1).

Se développent surtout par temps frais, lorsque l'humidité est élevée. Enlever les feuilles extérieures à la récolte.

OIGNON

  Mouche de l'oignon (asticot) : larves blanchâtres qui se nourrissent des racines et font mourir les plantules.

Si la mouche était présente l'année précédente, traiter au diazinon à la mi-mai et la fin de juin.

Couvrir d'une couverture flottante, du semis jusque vers le 10 juin. Le compagnonnage avec une culture d'aneth aide à éloigner l'insecte.

 Brûlures foliaires : petites taches blanches ou brunes allongées, suivies d'un dépérissement des feuilles, à partir de la pointe.

Dès l'apparition des taches, traiter avec un fongicide à base de manèbe ou de captane.

MAÏS

Pyrale du maïs : larve qui perce les tiges et les épis (voir page 30, fig. 6).

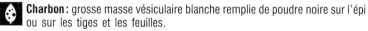

Traiter à partir de l'apparition de la panicule (croix) et répéter deux fois à une semaine d'intervalle. Pour plus d'efficacité, utiliser le carbaryl ou le roténone en fin de journée en dirigeant le jet à l'aisselle des feuilles*.

Chenilles dans le bout de l'épi à l'automne (ver de l'épi, légionnaire, pyrale)

Pas de traitement possible. Éviter les variétés tardives qui mûrissent au mois de septembre.

 Charbon : grosse masse vésiculaire blanche remplie de poudre noire sur l'épi ou sur les tiges et les feuilles.

Maladie spectaculaire mais peu importante. Aucun traitement nécessaire.

PERSIL

Papillon du céleri : voir céleri, page 31

Peut causer des dommages importants. Enlever les larves. Visiter régulièrement les plants.

* Se conformer aux directives de l'étiquette et respecter l'intervalle de sécurité.

PIMENT

 Pucerons: petits insectes suceurs, fragiles, généralement verdâtres et qui se déplacent lentement. Ils vivent en groupe sur les pousses terminales et sur les organes floraux.

Traiter dès l'apparition de ces insectes avec du savon insecticide. Il faudra peut-être répéter le traitement 3 à 4 jours plus tard.

 Taches foliaires: sur les feuilles, taches arrondies, concentriques, brunes, recouvertes de moisissure noire. Ces taches peuvent aussi apparaître sur les fruits.

Éviter les arrosages excessifs sur le feuillage et ne pas toucher aux plants lorsqu'ils sont mouillés.

 Pourriture apicale: voir tomate, page 39

Chute des fleurs: causée souvent par des températures défavorables au moment de la pollinisation (trop froid ou trop chaud).

Aucun remède.

POIRÉE voir bette à carde, page 28

POIS VERT

 Pucerons: voir piment, ci-dessus

POMME DE TERRE

 Doryphore de la pomme de terre: gros coléoptère de couleur jaune, rayé de bandes noires longitudinales. La larve arquée et rougeâtre porte deux rangées de points noirs sur les côtés de l'abdomen. La larve et l'adulte dévorent le feuillage (voir page 32, fig. 1 et 2).

Ramasser les adultes et les larves à la main ou en secouant les plants au-dessus d'un récipient et les détruire. Écraser les masses d'œufs orangés sous la surface des feuilles. Visiter régulièrement les plants de mai à juillet. En août et septembre, ramasser les adultes. Ces moyens suffisent à diminuer le nombre d'insectes.

 Galle commune: petites lésions circulaires, brun foncé, liégeuses, isolées ou se touchant en plaques (sur les tubercules).

Éviter les excès de chaux et de cendre. Utiliser une variété plus résistante comme la Superior.

 Mildiou et autres taches foliaires: taches brunes arrondies, entourées d'un halo jaune, présence de moisissure blanche à la face inférieure de la feuille. Dessèchement très rapide du feuillage, pourriture des tubercules (voir page 38, fig. 1).

Dès l'apparition des premières taches, traiter avec un fongicide à base de captane, de manèbe, de chlorothalonil ou de zinèbe*.

* Se conformer aux directives de l'étiquette et respecter l'intervalle de sécurité.

Éviter de mouiller le feuillage, surtout le soir. Si le feuillage est très atteint, on devra le couper et le détruire pour éviter la contamination des tubercules. Laisser ceux-ci mûrir dans le sol pendant une à deux semaines avant de les récolter.

 Vers fil de fer (taupins) : larve dure, cylindrique, jaune pâle à brun rougeâtre, qui creuse des trous dans les tubercules (voir page 28, fig. 1).

Cet insecte peut être un problème l'année de l'établissement du jardin, car il est présent seulement là où il y a du gazon. Si l'insecte est présent à l'endroit du futur potager, il faudra maintenir cet espace nu (en jachère) pendant une saison avant de semer des légumes.

RADIS

  Mouche du chou (asticot) : voir choux, page 31

Effectuer un seul traitement au diazinon au semis ou dès la levée des radis*. Semer les radis avant ou après la période comprise entre le 10 mai et le 10 juin, le temps où la ponte de cet insecte atteint son maximum. Si la mouche du chou était présente les années précédentes, faire un seul traitement dès la levée des radis.

RHUBARBE

 Perce-tige de la pomme de terre : larves rougeâtres qui creusent des galeries dans les tiges. Ces dégâts provoquent des sécrétions gélatineuses.

Aucun traitement. Détruire à l'automne et pendant la saison les mauvaises herbes dans et aux abords du jardin ; elles sont des foyers d'hébergement de cet insecte.

 Taches foliaires : taches brunâtres de forme angulaire.

Il n'est pas nécessaire de traiter. Éviter d'arroser le feuillage et ramasser les déchets végétaux autour des plants.

RUTABAGA

  Mouche du chou (asticot) : voir choux, page 31 (voir page 27, fig. 4).

Traiter dès la levée avec du diazinon puis 5 semaines après le semis ; faire deux autres traitements à 3 semaines d'intervalle*. Ce traitement n'est pas d'une parfaite efficacité.

 Vers fil de fer (taupins) : voir pomme de terre, ci-haut.

 **Chenilles** (piéride, fausse-arpenteuse du chou, fausse-teigne des crucifères) : (voir choux, page 31).

Comme les dommages sont moins importants sur le rutabaga que sur le chou, ne traiter que dans le cas d'une grave infestation.

 Hernie : voir choux, page 31

* Se conformer aux directives de l'étiquette et respecter l'intervalle de sécurité.

MALADIES DE LÉGUMES

1 Pomme de terre : **mildiou** (maladie fongique). Face supérieure de la feuille : tache brunâtre entourée d'une zone vert pâle. Face inférieure, duvet blanchâtre autour des taches par temps humide ou à la rosée.

2 Laitue : **moisissure grise** (maladie fongique). Pourriture des feuilles en contact avec le sol et envahissement de la pomme. Un duvet gris poussiéreux apparaît sur les parties affectées. Éviter les blessures aux plantes.

3 Haricot : **anthracnose** (maladie fongique). Taches concaves, brunes, à centre rosé sur les gousses. Éviter tout contact avec les plants de haricot quand ils sont humides : cueillette, sarclage etc.

4 Chou et autres crucifères : **hernie** (maladie fongique). Renflement des racines en forme de massues, rabougrissement des plants et flétrissement par temps chaud. Brûler les plants contaminés et faire une rotation de 5 ans.

5 Tomate : **mosaïque** (maladie virale). Illustration d'un des nombreux aspects que prend cette maladie transmise mécaniquement (instruments et mains contaminées) et par certains insectes tels les pucerons.

6 Tomate : **pourriture apicale.** Les premiers fruits sont les plus affectés. Évitez une fertilisation excessive. Le piment est également sensible à cette maladie.

TOMATE

 Pucerons: voir laitue, page 34

Traitements chimiques rarement nécessaires.

 Ver gris: voir ennemis communs, page 25

Problème au moment de la transplantation. Au lieu de traiter au carbaryl, on peut entourer la base des plants avec un papier d'aluminium, en ayant soin de laisser un espace entre le papier et la tige ou utiliser un verre en matière plastique enfoncé dans le sol et dépassant la surface d'au moins 5 cm. Ces dispositifs de protection pourront être enlevés après 3 semaines.

Mosaïque: feuillage marbré de vert clair et de vert foncé; feuilles effilées, folioles nombreuses et découpées, plants rabougris (voir page 38, fig. 5).

Maladie causée par un virus qui se transmet facilement d'un plant à un autre par simple toucher. Acheter des plants sains; s'abstenir de fumer et bien se laver les mains avec du savon avant de manipuler les plants, car le tabac transmet le virus.

Taches foliaires: sur les feuilles, petites taches noires ou taches brunes plus grandes.

Dès l'apparition des premières taches, utiliser un fongicide à base de manèbe, de captane, de chlorothalonil ou un mélange spécial pour tomate*. Éviter de trop mouiller les plants surtout en soirée.

Pourriture apicale: lésion noirâtre sur le fruit dans la région opposée au pédoncule. Maladie causée par une mauvaise assimilation du calcium sous des conditions d'humidité irrégulière dans le sol (par exemple, précipitation abondante après une période de sécheresse) (voir page 38, fig. 6).

Le plus souvent, affecte seulement la première grappe de fruits. Maintenir l'humidité à un niveau constant dans le sol par des arrosages réguliers. Éviter de fertiliser les plants par à-coups trop importants. On peut aussi, dès l'apparition des premiers fruits, pulvériser une solution de calcium vendue à cette fin.

Face de chat: malformations caractérisées par des cicatrices liégeuses et profondes sur le bout du fruit opposé au point d'attache.

Mauvaise fécondation causée par des températures trop chaudes ou trop froides durant la floraison. Mesure préventive: secouer les grappes de fleurs pour aider à la pollinisation.

Maturation inégale: coloration jaune verdâtre apparaissant surtout sur le dessus et les côtés des fruits mûrs.

Plusieurs causes possibles: virus, faible luminosité, chaleur, déséquilibre de l'azote et de la potasse. Les variétés roses sont plus sensibles. Bien fertiliser.

* Se conformer aux directives de l'étiquette et respecter l'intervalle de sécurité.

Enroulement des feuilles: dû à différentes causes; souvent un moyen pour la plante de se protéger lorsqu'il y a un manque d'eau et parfois le résultat d'une taille trop sévère.

Apporter régulièrement de l'eau à la plante. Éviter les tailles trop sévères.

En général les insecticides
sont plus efficaces si on les applique
en fin de journée.

PETITS FRUITS

Le meilleur moyen de réussir la culture du fraisier et du framboisier est la prévention des problèmes phytosanitaires selon des règles bien établies: cultiver sur un bon sol, bien aéré et drainé, pratiquer la rotation de vos cultures, employer des plants certifiés, fertiliser adéquatement et éliminer les mauvaises herbes. Une surveillance régulière de la culture peut également permettre d'intervenir de façon efficace tout en limitant l'usage de pesticides.

FRAISIER

Gel et asphyxie des plants: plants morts constatés au printemps ou, après la floraison, flétrissement et brunissement des plants, suivis de leur dépérissement. Les racines et l'intérieur du collet varient du brun pâle au noir.

Éviter de fertiliser après juillet pour permettre l'endurcissement des plants avant l'hiver. Faciliter l'accumulation de la neige sur les rangs, en plaçant un paillis de 8 à 10 cm d'épaisseur à l'automne, quand le sol est légèrement gelé et en disposant une clôture à neige ou tout autre abrivent. Améliorer l'égouttement de surface en cultivant sur billons.

Gel des fleurs: suite à une gelée tardive au moment de la floraison, la partie centrale de la fleur noircit (yeux noirs). La fleur devient stérile ou produit un fruit difforme.

Éviter d'enlever le paillis trop tôt, ce qui favorise une floraison trop hâtive en mai. Si un gel est prévu, recouvrir les plants en fin de journée et les découvrir tôt en matinée.

Moisissure grise: noircissement des sépales sur les boutons floraux puis, pourriture brunâtre et duvet gris sur les fruits verts ou mûrs.

Établir la culture dans un endroit aéré, ne fertiliser qu'après la récolte, irriguer en matinée par temps clair afin que les plants soient secs au coucher du soleil. Éliminer de la fraiseraie les fruits pourris et les mauvaises herbes. Utiliser le mélange fongicide bénomyl/captane dès l'apparition de la première fleur et répéter 10 jours plus tard* (voir page 52).

Tache commune: tache foliaire circulaire blanchâtre entourée d'une marge foncée.

* *Se conformer aux directives de l'étiquette et respecter l'intervalle de sécurité.*

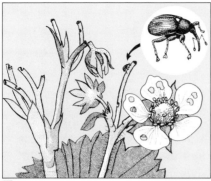

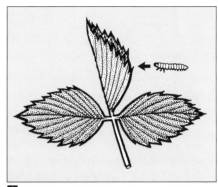

1 L'**anthonome du fraisier** est un tout petit charançon. Il perce les bourgeons et les pétales avant l'éclosion de la fleur et il coupe les tiges florales, réduisant ainsi la production de fruits.

2 La **tordeuse du fraisier** se tisse un abri dans une feuille repliée et se laisse glisser au bout d'un fil de soie lorsqu'on la dérange.

 Tache pourpre : tache foliaire de forme plus ou moins irrégulière d'une couleur uniformément pourpre.

Il n'est pas nécessaire l'année de l'implantation de la fraiseraie de traiter pour lutter contre ces taches. Les années subséquentes de cueillette, si des taches sont présente, faucher le feuillage après la récolte et le brûler. Aucun traitement chimique n'est nécessaire.

 Anthonome du fraisier : insecte noirâtre minuscule qui perce les boutons floraux et coupe les pédoncules, causant ainsi la chute des boutons (voir page 42, fig. 1 et l'encadré ci-dessous).

Dès l'apparition de boutons coupés, traiter au malathion ou au méthoxychlore et répéter 8 à 10 jours plus tard. Comme ces applications s'effectuent habituellement au moment de la floraison, traiter le soir afin d'éviter de tuer les abeilles qui sont indispensables à la pollinisation.

 Punaise terne : insecte adulte brun terne qui se déplace rapidement. Les larves verdâtres piquent les fruits verts et causent leur déformation (voir l'illustration, page 5).

Un traitement est rarement nécessaire. Si les populations sont abondantes (voir l'encadré ci-dessous), traiter au malathion ou au diméthoate*.

La présence de l'anthonome et de la **punaise terne** peut être facilement détectée en frappant de la main les grappes florales et en recueillant les insectes dans un récipient blanc placé sous la grappe.

* Se conformer aux directives de l'étiquette et respecter l'intervalle de sécurité.

Escargots et limaces: mollusques gluants et grisâtres avec ou sans coquille qui creusent des trous dans les fruits verts ou mûrs. Sont surtout actifs la nuit et par temps doux et humide.

Voir laitue, page 34

 Nitidules à 4 points: voir ennemis commun, page 25

 Ver blanc (hanneton): voir ennemis communs, page 25

 Vers fil de fer (taupins): larves dures et cylindriques, jaune pâle à brun rougeâtre. Dans le sol, elles pénètrent à la base de la couronne des plants et causent leur flétrissement et leur mort (voir pomme de terre, page 37)

 Tarsonème du fraisier: acarien invisible à l'oeil nu. Les jeunes feuilles au centre du plant restent petites et aplaties, tandis que les autres deviennent jaunâtres et recroquevillées.

Dès les premiers symptômes, traiter au dicofol. N'utiliser que des plants certifiés et détruire la fraiseraie après 2 à 3 ans de récolte, surtout si les dommages apparaissent.

 Tétranyque à deux points: voir concombre, page 33

 Tordeuses: larves qui s'enveloppent dans les feuilles et s'en nourrissent (voir page 42, fig. 2).

Généralement, ces insectes font peu de dégâts importants. De plus, les interventions insecticides effectuées contre l'anthonome du fraisier et la punaise terne devraient suffire pour les tenir en échec.

FRAMBOISIER

Gel des tiges: l'extrémité des tiges est desséchée, les fruits ne se forment pas ou sèchent avant de mûrir. Souvent, à partir du sommet, les tiges fanent et meurent peu après la sortie des feuilles.

Éviter les endroits exposés aux vents dominants. Fertiliser tôt en saison seulement, jamais après le début de juillet, afin de permettre aux plants de s'adapter à l'hiver. Ne pas travailler le sol après la mi-août.

 Anthracnose: petites taches grisâtres parfois avec bordure pourpre, s'enfonçant dans les tiges (voir page 44, fig. 1).

N'employer que des framboisiers certifiés et choisir un endroit bien drainé et aéré. Conserver la plantation aérée en maintenant les rangs à 45 cm de largeur, en laissant de 16 à 20 tiges par mètre linéaire de rang et la tenir exempte de mauvaises herbes. Après la récolte, couper et brûler les tiges qui ont porté des fruits et les jeunes tiges fortement infectées.

---

* Se conformer aux directives de l'étiquette et respecter l'intervalle de sécurité.

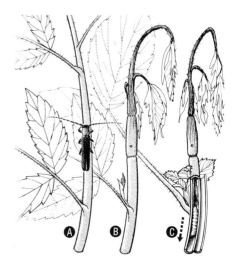

1 **Anthracnose** (maladie fongique) : taches grisâtres déprimées sur les tiges.

2 **Brûlure des dards** (maladie fongique) : décoloration brun violacé autour du point d'attache de la feuille, surtout au bas des nouvelles pousses, et taches grises sur les tiges fructifères.

3 Cycle de l'**anneleur du framboisier** : Adulte sur une jeune pousse (a). Entre deux anneaux de perforations, la femelle a pondu un œuf dans la tige dont le sommet se flétrit (b). Tige ouverte : la larve issue de l'œuf descend vers le niveau du sol et mange l'intérieur de la tige ; après deux ans, elle se métamorphose en nymphe puis émerge à l'état adulte (c).

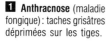 **Brûlure des dards :** décolorations brunes à violacées sur les tiges végétatives (tiges de l'année) au point d'attache des feuilles, surtout à la moitié inférieure des jeunes tiges. Sur les vieilles tiges (tiges fructifères) ces taches sont grises, recouvertes de petits points noirs (voir page 44, fig. 2).

> Pulvériser, s'il y a lieu, au printemps juste avant l'ouverture des bourgeons avec de la bouillie soufrée (chaux soufrée) ou avec du captane. Ces traitements s'appliquent aussi bien à l'anthracnose qu'à la brûlure des dards.

 **Moisissure grise :** noircissement des sépales sur les boutons floraux puis, pourriture brunâtre et duvet gris sur les fruits verts ou mûrs.

> Voir anthracnose à la page 43. Si la maladie était importante les années précédentes, traiter avec le mélange bénomyl/captane aussitôt après la floraison et répéter 10 jours plus tard* (voir page 52).

Maladies à virus : (mosaïque, frisolée) marbrures jaunes, vert pâle et/ou vert foncé, déformation des feuilles et rabougrissement des plants.

> Ne planter que des framboisiers certifiés, détruire les framboisiers sauvages des environs. Arracher et détruire les plants malades avec leurs racines. Éliminer les mauvaises herbes et détruire la plantation dès qu'elle renferme trop de plants atteints de virus.

* Se conformer aux directives de l'étiquette et respecter l'intervalle de sécurité.

Anneleur du framboisier : insecte noir à collier jaune orangé, qui découpe deux anneaux rapprochés à 15 cm du bout de la tige. Il apparaît à toutes les années paires (1990, 1992,...), vers la mi-juin, (voir page 44, fig. 3).

Dès l'apparition des dégâts, couper les tiges flétries (en juin-juillet) à 5 cm au-dessous de l'anneau inférieur, afin d'éliminer la larve de l'insecte.

Tétranyque à deux points : voir concombre, page 33

Byture des framboises : insectes brun jaunâtre qui squelettisent les jeunes feuilles et s'attaquent aux grappes de fleurs pour y déposer leurs œufs. Les larves pénètrent au centre du fruit pour se nourrir.

Si des dégâts ont été observés sur les feuilles l'année précédente, traiter au malathion ou au roténone juste avant la floraison*.

GADELIER ET GROSEILLIER

Némate du groseillier (tenthrède) : jeunes larves blanchâtres qui percent des trous dans les feuilles ; plus tard, elles deviennent vertes tachetées de noir et peuvent défolier un arbuste en quelques jours.

Dès l'apparition des premiers dégâts, traiter au méthoxychlore ou au roténone en s'assurant de bien couvrir tout le feuillage*.

Mouche du groseillier : insecte qui dépose ses œufs dans le fruit dont la larve se nourrit. Les fruits attaqués mûrissent prématurément et souvent tombent sur le sol.

Détruire les fruits infestés et tombés. Si la population était importante l'année précédente, un traitement au roténone le printemps suivant sera nécessaire.

Gadelier : traiter juste après la floraison et 7 à 10 jours plus tard. Groseillier : traiter au roténone lorsque les fruits commencent à rougir*.

Pucerons : importants sur le gadelier. Les pucerons sont jaunâtres et vivent en groupe surtout sous les jeunes feuilles. Ils causent de larges boursouflures jaunâtres ou rouges, ce qui provoque l'enroulement des feuilles (voir page 32, fig. 3).

Les pucerons sont très difficiles à contrôler une fois les feuilles enroulées. Si le problème s'est déjà manifesté, traiter au roténone ou au savon insecticide à l'ouverture des bourgeons, dès que les premières feuilles ont de 1,5 à 2 cm de diamètre et répéter 10 jours plus tard.

Anthracnose : taches brunâtres irrégulières de chaque côté des feuilles. Celles-ci jaunissent et tombent prématurément. La maladie débute généralement à la base des plants (voir page 65, fig. 4).

Ramasser et détruire les feuilles tombées pour éviter une propagation excessive du champignon. Si la maladie est importante à tous les ans, traiter à la bouillie soufrée (chaux soufrée) au printemps juste avant la floraison et répéter après la floraison, si les taches se développent de nouveau*.

*Se conformer aux directives de l'étiquette et respecter l'intervalle de sécurité.

Blanc : duvet blanchâtre sur les feuilles, les fruits, le bout des branches et les nouvelles pousses par temps chaud et humide.
Plus tard, le duvet devient brunâtre à grisâtre.

Planter dans un endroit aéré. Lors de la taille, éliminer et brûler les rameaux recouverts de duvet. Si la maladie est généralement un problème traiter au soufre microfin dès l'ouverture des bourgeons, avant la floraison et après la floraison*.

Rouille vésiculeuse : le dessous des feuilles se couvre de petites taches orangées anguleuses correspondant à des pustules brunes sur le dessus des feuilles. Une forte infestation fait tomber le feuillage. (page 67, fig. 2)

La rouille nécessite un hôte intermédiaire pour se reproduire. Cet hôte est le pin à cinq aiguilles (voir page 74). Ne pas planter de gadelier ou de groseiller en compagnie du pin blanc si la maladie se manifeste.

* Se conformer aux directives de l'étiquette et respecter l'intervalle de sécurité.

ARBRES FRUITIERS

TAILLE DES ARBRES FRUITIERS

En mars et avril, enlever les branches mortes ou trop grêles ; couper aussi celles qui se croisent ou qui poussent trop près d'une autre branche (voir figures 1, 2, 3 ci-contre).

La taille. 1- Deux traits de scie en (a) puis en (b) permettent de couper une branche sans arracher d'écorce. **2-** Le moignon qui reste est coupé en (c) au ras du tronc. **3-** Enfin, on recouvre la plaie avec une peinture au latex.

TRAITEMENT DES PLAIES

Tailler les plaies en forme ovale, parallèle au courant de la sève, avec les extrémités en pointe et bien nettoyer. Appliquer ensuite une couche mince de peinture blanche au latex. Ne pas se servir de peinture à l'huile ou de goudron sur les plaies (voir figures 1, 2, 3 ci-contre). Le latex est supérieur aux émulsions d'asphalte. En effet, ces dernières sèchent en formant une pellicule qui retient l'humidité, et encourage les pourritures.

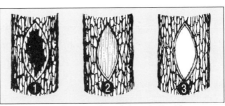

Le traitement des grandes plaies. 1- On découpe une forme ovale dans l'écorce sans laisser de tissu mort. **2-** Le milieu est ensuite complètement nettoyé. **3-** On recouvre le tout d'une peinture au latex.

FERTILISATION

Au printemps, au moins trois semaines avant la floraison, appliquer un engrais chimique pour arbres fruitiers. Épandre uniformément autour de l'arbre, sur une bande circulaire d'environ 1 mètre ayant pour centre le bout des branches latérales. Si la surface de cette zone est engazonnée, l'engrais s'applique dans des trous pratiqués dans le sol.

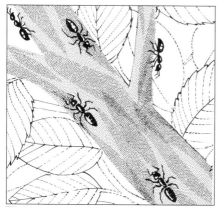

1 Les **fourmis** qui vont et viennent sur les branches des arbres visitent probablement des colonies de **pucerons** pour recueillir le miellat dont elles sont friandes.

2 C'est surtout dans les pommiers et les cerisiers que les **chenilles à tente** se tissent un abri communautaire d'où elles sortent périodiquement pour dévorer le feuillage environnant.

POMMIER

De nombreux ennemis s'attaquent aux arbres fruitiers et il faut s'attendre à devoir leur faire une lutte constante si l'on veut récolter des fruits mangeables. Pour vous aider à y réussir sans abuser des pesticides chimiques, nous signalons par le symbole ✿ le moyen de lutte alternatif qui permet de restreindre leur usage.

✿ IMPORTANT : les différents cultivars de pommier sur le marché se présentent en format nain, semi-nain et normal. Nous vous recommandons fortement de choisir le format nain ou semi-nain, car plus tard, l'entretien en sera beaucoup plus facile que celui d'un arbre de grandeur normale qui exige des pulvérisateurs plus gros et des quantités de pesticides beaucoup plus grandes. Autre avantage à considérer, le pommier nain peut entrer en production 2 ans après la plantation et la récolte des fruits ne nécessitera jamais d'échelle ni d'acrobaties.

CULTIVARS DE POMMIERS RÉSISTANTS À LA TAVELURE

CULTIVARS	HÂTIVITÉ À RAPPORTER*	RUSTI-CITÉ**	PRODUC-TIVITÉ	VIGUEUR	QUALITÉ DU FRUIT	DATE DE CUEILLETTE
			CODE D'APPRÉCIATION			
Britegold	T	3[b]	2[b]	2[b]	1[b]	Fin septembre
Freedom	H	2	3	2	2	Fin septembre
Jonafree	H	1	?	2	?	Début octobre
Liberty	H	1	2	3	2	Fin septembre
Macfree	M	2	2	2	1	Début octobre
Moira	H	3	3	2	1	Fin septembre
Murray	H	3	2	2	1	Fin août (*Son feuillage porte parfois des traces de tavelure*)
Nova Easygro	H	2	2	2	1	Début octobre
Novamac	M	2	?	2	?	Mi-septembre
Priam	H	2	2	2	2	Fin septembre
Prima	H	1	2	2	2	Mi-septembre
Priscilla	H	1	2	2	2	Fin septembre
Redfree	M	1	2	2	?	Fin août
Richelieu	H	3	3	2	1	Mi-septembre
Rouville	H	3	2	3	1	Mi-août (*Son feuillage porte parfois des traces de tavelure*)
Sir Prize'	H	1	1	2	1	Début octobre (*Triploïde*)
Trent	H	3	3	2	2	Début octobre

* Hativité à rapporter lorsque greffé sur nain.

** Rusticité : les pommiers portant le code d'appréciation 1 sont rustiques seulement dans la région du Sud-Ouest du Québec.

H très hâtif (2-4 ans)	1 acceptable	? information manquante
M moyennement hâtif (4-5 ans)	2 bon	
T tardif (5-6 ans)	3 excellent	

La PRÉVENTION et l'ENTRETIEN sont à la base d'un jardin en bonne santé. Ces mesures doivent être favorisées de préférence aux pesticides chimiques.

 Tavelure : taches olive sur feuilles et taches brunes sur fruits (voir page 55, photo 1, 2).

 Le meilleur moyen pour combattre la tavelure est de planter des cultivars nains ou semi-nains résistants à cette maladie. Ces pommiers résistants ne nécessitent aucun traitement contre la tavelure (voir le tableau des variétés résistantes ci-dessus).

Des pommetiers résistants à cette maladie sont aussi disponibles chez les pépiniéristes (Geneva, Dolgo, etc.)

Pour les variétés non résistantes, ramasser et détruire les feuilles mortes et les fruits tombés à l'automne et avant le départ de la végétation.

Protéger le feuillage dès l'éclosion des bourgeons avec du bénomyl/captane ou avec un des mélanges no 1 ou 2 (voir page 52) et répéter 4 à 5 fois à 7 jours d'intervalle, de préférence avant les pluies. Si une forte pluie survient (plus de 2,5 cm), considérer le traitement précédent inefficace et refaire la couche protectrice. Ne pas utiliser les mélanges 1 et 2 durant la floraison pour épargner les abeilles.

Bien recouvrir le feuillage et les fruits d'une fine buée de bouillie, en utilisant un pulvérisateur à pression.

Si la maladie n'est pas apparue avant la mi-juillet, on peut cesser l'utilisation de fongicides.

Les insectes et acariens nuisibles sont classés dans l'ordre chronologique de leur apparition, pour aider le jardinier vigilant à prévenir les infestations sérieuses.

 Tétranyque rouge : les minuscules œufs rouges de cet acarien sont visibles à la loupe sur les lambourdes et rameaux, en avril.

S'il y a abondance d'œufs de tétranyque ou de colonies de cochenille, traiter avec une huile lorsque le pommier est dormant et qu'il n'y a aucun risque de gel, avant l'apparition de vert sur les bourgeons.

 Cochenille : insectes fixés à l'écorce et ayant l'apparence de petits boucliers couvrant les rameaux.

 Chenilles à tente : noirâtres avec sur le dos une ligne blanche bordée de points bleus, ces larves se tissent un abri communautaire d'où elles sortent périodiquement pour dévorer le feuillage (voir page 48, fig. 2).

 Tôt le matin ou tard le soir, détruire les tentes contenant les chenilles dès qu'elles sont visibles. En cas de grande infestation, traiter au diazinon en pulvérisation*, après la chute des pétales.

 Hoplocampe de la pomme : la larve laisse une trace sinueuse sur le fruit (voir page 54, fig. 1, 2).

Elle peut aussi pénétrer dans un autre fruit et laisser un amas d'excréments au point d'entrée. Ces dégâts ressemblent à ceux du carpocapse mais surviennent plus tôt en saison.

 Pour surveiller les populations adultes, installer des pièges colorés blanc à 1,5 mètre du sol, au bout des branches, à l'extérieur des arbres, au stade du bouton rose et les enlever après la chute des fleurs.

Les insecticides utilisés contre le charançon de la prune à la chute des pétales sont aussi efficaces contre l'hoplocampe.

 **Carpocapse de la pomme :** larve qui creuse jusqu'au cœur des pommes et souvent les fait tomber. Amas d'excréments au point d'entrée (voir page 55, fig. 5).

Ramasser et détruire les pommes tombées au moins à chaque semaine.

Traiter en pulvérisation du 20 juin au 20 août, à dix jours d'intervalle avec du diméthoate, du diazinon ou avec l'un des mélanges no 1 ou 2 (voir page 52)*.

* Se conformer aux directives de l'étiquette et respecter l'intervalle de sécurité.

Charançon de la prune : petit ver qui gruge l'intérieur des fruits et cause une déformation prononcée de ceux-ci (voir page 59, fig. 3). L'adulte est actif la nuit.

Traiter en pulvérisation avec du diazinon dès la chute des pétales. Faire deux traitements à 10-12 jours d'intervalle.

 Dès la chute des pétales inspecter régulièrement les arbres : mettre un drap sous l'arbre et secouer délicatement les branches pour faire tomber les charançons adultes et les détruire. Si après inspection des fruits il y a présence de dégâts en demi-lune, intervenir avec un insecticide recommandé.

Comme les fruits infestés ne restent pas tous sur les arbres, ramasser et détruire les petites pommes tombées.

  Mouche de la pomme : la larve fait des chemins sinueux dans la chair des fruits (voir page 54, fig. 3, 4, 5).

Mêmes moyens de lutte que pour le carpocapse. Ramasser et détruire les pommes tombées au moins à chaque semaine.

 Installer des sphères rouges engluées pour capturer les mouches dès la première semaine de juillet. Un piège (**avec attractif**) par arbre devrait suffire à réprimer les adultes.

Disposer les pièges à la hauteur des yeux sur une branche bien dégagée.

 Pucerons : insectes suceurs qui provoquent l'enroulement des feuilles. (voir page 32, fig. 3). Les fourmis dans les pommiers indiquent généralement la présence de pucerons (voir page 48, fig. 1).

 Les prédateurs de pucerons peuvent suffire à contrôler ces derniers. En cas de sérieuse infestation, utiliser un savon insecticide (résultats fort valables).

 Tétranyques : Acariens, difficiles à voir à l'œil nu, donnent aux feuilles une apparence grisâtre puis jaunâtre (voir page 24, fig. 3).

Traiter dès l'apparition des premiers symptômes avec le mélange no 3 (voir page 52)*.

Campagnol des champs : gruge l'écorce du tronc des arbres durant l'hiver (voir page 55, fig. 6).

Utiliser les moyens de protection énumérés en page 93. Si les campagnols ont grugé le pourtour complet du tronc, pratiquer une greffe en pont au départ de la végétation, si les pommiers ont 10 cm de diamètre et plus.

Chute des pommes: la chute de petites pommes, au début de la saison, est un phénomène naturel: l'arbre rejette les fruits qu'il ne peut rendre à maturité. Autres causes possibles: fruits non fécondés, troubles de nutrition, sécheresse, excès d'humidité, maladies, insectes, excès d'azote, etc.

ATTENTION
Pour faire le mélange bénomyl + captane avec les formulations séparées disponibles sur le marché domestique, s'en tenir aux proportions suivantes:
3. à table de captane 10-W
½ c. à thé de bénomyl 50-W
pour 4 litres de bouillie

MÉLANGES INSECTICIDES— FONGICIDES POUR ARBRES FRUITIERS

Nº DE RÉFÉRENCE	NOM DU PRODUIT	NOMS COMMUNS ET % D'INGRÉDIENTS ACTIFS
1	«Arbres fruitiers et arbustes, pulvérisation ou saupoudrage» *(Coop), no d'homologation: 9537*	captane 7,5% + carbaryl 7,5% + dicofol 2%
2	«Poudre à vaporiser jardins et arbres fruitiers» *(Green Cross), no d'homologation: 9986*	captane 10% + carbaryl 10% + malathion 5%
3	«Liquide à vaporiser pour jardins» *(Wilson), no d'homologation: 10639*	méthoxychlore 10% + malathion 20% + dicofol 2%, EC

* Se conformer aux directives de l'étiquette et respecter l'intervalle de sécurité.

PIÉGEAGE DES INSECTES

Conçus initialement pour détecter la présence d'insectes ravageurs dans les grands vergers (afin de déterminer les dates des traitements), les pièges décrits ici peuvent même servir à protéger efficacement les pommiers du verger domestique si on en suspend dans les arbres. Ils représentent un investissement très rentable car le premier est réutilisable indéfiniment lorsqu'on en prend soin, tandis que le deuxième se fabrique pour un coût minime.

1) Sphère rouge pour contrôler la mouche de la pomme (voir page 54, fig. 5).

Ce piège, un peu plus gros qu'une balle de tennis, est fait de plastique ou de bois rouge foncé et il est recouvert d'une colle (*Tangletrap*md). La mouche femelle est prise dans la colle en se posant sur la «pomme» pour y pondre ses œufs. À toutes les 2 semaines, nettoyer les boules au varsol, y remettre de la colle et les accrocher à nouveau dans l'arbre.

Il est important de suspendre une capsule d'attractif non loin de la sphère, ce qui quintuple l'efficacité du piège.

Note:
Les sphères rouges, l'attractif et la colle *Tangletrap*md sont distribués au Québec par:

Le Groupe Bio-Contrôle
2600, Dalton
Sainte-Foy (Québec)   G1P 3S4
(418) 653-3101

2) Piège coloré blanc pour contrôler l'hoplocampe

Ce piège est tout simplement fait d'un morceau de carton blanc encollé au *Tangletrap*md des deux côtés. L'hoplocampe y est attiré parce qu'il le confond avec les bourgeons floraux du pommier. Un à deux pièges suffisent habituellement selon la grosseur de l'arbre.

INSECTES ET PIÈGES

1 Ces petits hyménoptères en train de butiner sont les adultes de l'**hoplocampe**. Lorsque les pétales sont tombés, (au stade *calice*), la femelle pond un œuf près de leur ancien point d'attache.

2 La larve de l'**hoplocampe** commence son développement à l'intérieur d'une petite pomme qui s'atrophie. Elle pénètre alors dans une autre pomme, plus grosse que la première. Une fois à l'intérieur du fruit, elle est à l'abri des pesticides.

3 Les ailes de la **mouche de la pomme** sont marquées d'un «W» noir. En perçant la peau du fruit pour déposer ses œufs, elle y laisse de petites cicatrices.

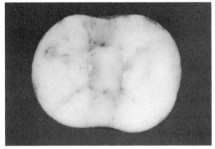

4 Les minuscules larves issues des œufs de la **mouche de la pomme** se font des chemins sinueux dans la pulpe du fruit.

5 Les femelles de **mouche de la pomme** se sont engluées sur la **sphère rouge**. L'usage d'un parfum attractif quintuple l'efficacité de ce piège.

6 Le **piège** coloré **blanc**, employé ici pour détecter la présence de la punaise terne, est également efficace contre les adultes de l'**hoplocampe** si on le place dans l'arbre avant la floraison (au stade *bouton rose*).

INSECTES ET MALADIES

1 **La tavelure** : le plus redoutable ennemi du pommier (maladie fongique).

2 **La tavelure** se manifeste sur les feuilles par des taches olive d'aspect velouté (maladie fongique).

3 La prolifération de **pucerons** qui se nourrissent au revers des feuilles de pommiers cause le recroquevillement de ces dernières.

4 Semblable à une minuscule sangsue orangée, la larve de **cécidomyie** attaque les **pucerons** et les fait mourir. On a démontré que c'est le prédateur le plus efficace de pucerons sur le pommier. L'usage intempestif de pesticides peut briser cet équilibre naturel.

5 Plus grosse que la larve de la mouche, la chenille du **carpocapse de la pomme** pénètre jusqu'au cœur et fait tomber le fruit.

6 Un dégât de **campagnol des champs** (mulot).

STADES—REPÈRES DU POMMIER Cultivar McIntosh

1 **Dormant:** bourgeon au repos, phase hivernale. Parfois, léger gonflement. Première manifestation printanière de la croissance.

2 **Débourrement:** éclatement du bourgeon et apparition d'une pointe verte. Feuilles repliées dans le bourgeon. Souvent nommé stade «Éclatement».

3 **Débourrement avancé:** étalement de 2 à 3 feuilles de 5 à 10 mm. Autres feuilles visibles mais non déployées. Souvent nommé stade «Oreilles de souris».

4 **Pré-bouton rose:** apparition de tous les boutons en faisceau. Pédicelles courts. Parfois, pétales rouges sur bouton dominant.

5 **Bouton rose:** tous les boutons généralement détachés. Les sépales écartés laissent voir les pétales repliés et rose.

6 **Bouton rose avancé:** allongement des pétales sans étalement, teinte blanc rosé. Parfois, pétales du bouton dominant légèrement étalés. Souvent nommé stade du «Ballon blanc».

7 **Pleine floraison:** tous les pétales sont complètement étalés. Fleurs ouvertes.

8 **Calice:** stade atteint seulement lorsque 90% des pétales sont tombés.

9 **Nouaison:** fruits visibles sur fleurs fécondées, environ 5 mm de diamètre.

POMMIER—
GUIDE ABRÉGÉ DES TRAITEMENTS

TRAITEMENTS	PESTICIDES	MALADIES ET INSECTES
1er **Mi-avril – fin avril**, stade dormant (avant l'apparition de vert sur les bourgeons)	huile minérale (huile de dormance) (si nécessaire)	
2e **Début de mai**, stade débourrement (dès l'apparition de vert sur les bourgeons)	bénomyl + captane **ou** un des mélanges no 1, 2 (voir page 52)	
3e **Mi-mai**, stade bouton rose (juste avant la floraison)	bénomyl + captane plus diazinon **ou** un des mélanges no 1, 2 (voir page 52)	
4e **Fin mai – début juin**, stade calice (immédiatement après la chute des fleurs)		
5e Stade nouaison (deux semaines après la chute des fleurs)		
6e **Début de juillet**	bénomyl + captane plus diméthoate **ou** un des mélanges no 1, 2 (voir page 52)	
7e **Mi-juillet**		
8e **Début août**		
9e **Mi-août**		
10e **Début de septembre**		

Colonnes « MALADIES ET INSECTES » : Tétranyque et cochenille, Tavelure, Chenilles, Punaises, Hoplocampe, Charançon, Carpocapse, Pucerons, Mouche de la pomme

Attention! Pour les variétés de pommes hâtives, les traitements pesticides doivent cesser au début d'août afin de respecter l'intervalle de sécurité.

PRUNIER ET CERISIER
GUIDE ABRÉGÉ DES TRAITEMENTS

TRAITEMENTS	PESTICIDES	MALADIES ET INSECTES				
1er **Fin avril** (avant le gonflement des bourgeons)	bénomyl + captane		Pochette			
2e (juste avant l'ouverture des fleurs)	bénomyl + captane				Taches des feuilles	
3e (immédiatement après la chute des fleurs)	bénomyl + captane plus diazinon **ou** un des mélanges no 1, 2 (voir page 52)	Nodule noir	Pourriture brune			Charançon
4e Dix jours plus tard						
5e Dix jours après le 4e						
6e Début de juillet					Mouches	

 Nodule noir : excroissances noirâtres sur les branches (voir page 59, fig. 1).

Couper et brûler les nodules avant le départ de la végétation, puis à mesure qu'il s'en forme.

Couper au moins 10 cm en bas des excroissances. Détruire les pruniers et cerisiers sauvages infectés dans les environs. Ne pas planter de nouveaux arbres près de pruniers ou cerisiers malades.

Les traitements effectués contre la pourriture brune et la pochette aident à la répression du nodule noir. Ces traitements ne sont efficaces que si les mesures sanitaires décrites ci-haut sont effectuées.

Pochette : les fruits difformes, spongieux et d'abord de grosseur démesurée, se dégonflent en devenant creux et se recouvrent d'un duvet blanchâtre (voir page 59, fig.2).

Enlever et détruire les fruits affectés. Traiter en pulvérisation une seule fois, avant l'ouverture des bourgeons avec du bénomyl + captane ou avec l'un des mélanges 1, 2 (voir page 52).*

Pourriture brune : affecte fleurs, rameaux, branches ; fruits desséchés qui souvent restent attachés aux branches tout l'hiver.

Lors de la taille au printemps, enlever et détruire les fruits desséchés. Ramasser et détruire ceux qui sont tombés. Enlever les rameaux malades et les chancres.

Traiter du début de la floraison jusqu'à la récolte, à 10 à 12 jours d'intervalle avec du bénomyl + captane ou avec l'un des mélanges no 1, 2 (voir page 52)*. Ces derniers mélanges ne doivent pas être utilisés durant la période de floraison.

* Se conformer aux directives de l'étiquette et respecter l'intervalle de sécurité.

Charançon de la prune : petit ver qui gruge l'intérieur du fruit (voir page 59, fig. 3).

Ramasser et détruire les prunes tombées au moins à chaque semaine. Traiter en pulvérisation avec du diazinon. Faire deux traitements, à 10 à 12 jours d'intervalle, à partir du début de juin*.

Pucerons : voir pommier, page 51.

 Tétranyques : voir pommier, page 50.

 Mouches des cerises : larve blanchâtre qui s'alimente de la pulpe du fruit.

Ramasser et détruire les cerises tombées au moins à chaque semaine. Si cet insecte a été observé l'année précédente, traiter au diméthoate vers le 20 juin et répéter le traitement 10 jours plus tard*.

Les sphères rouges pour contrôler la mouche de la pomme sont également efficaces contre la mouche du cerisier (voir page 53).

1 Prunier et cerisier : **nodule noir**. Maladie souvent transmise par les instruments utilisés pour la taille. Entre chaque coupe, trempez les outils dans une solution contenant 1 partie de Lysol et 4 parties d'eau.

2 Prunier : **pochette**. Cette maladie fongique hiverne sur les fruits affectés non détruits ainsi que sur les rameaux et les bourgeons.

3 Le **charançon de la prune** fait une piqûre en forme de demi-lune sur les fruits verts et sa larve se développe à l'intérieur de la prune.

* Se conformer aux directives de l'étiquette et respecter l'intervalle de sécurité.

PLANTES ORNEMENTALES

VIGUEUR DES ARBRES ET ARBUSTES*

Il est très important de maintenir une bonne vigueur des arbres et arbustes par une fertilisation adéquate qui favorisera un bon développement des racines et la formation des bourgeons de l'année suivante. Il faut aussi éviter de fertiliser après le début de juillet, ce qui rendrait les végétaux moins résistants aux premiers gels. De plus, une bonne quantité d'eau est nécessaire toute la saison de végétation et le sol doit être bien égoutté.

Les arbres et arbustes qui sont bien pourvus en éléments minéraux présentent une vigueur leur permettant de surmonter la plupart des attaques par les insectes. Dès lors, la répression des ennemis est moins impérieuse et n'est justifiée que pour assurer la qualité esthétique des arbres et des arbustes.

* On retrouve à la page 98 la section suivante:
Fertilisation des arbres et arbustes

CARIE, POURRITURE ET CHANCRE DES ARBRES

Tailler les arbres de préférence au printemps, avant le bourgeonnement. Couper les branches aussi près que possible du tronc ou de la branche-mère. Ne jamais laisser de moignons. Donner aux grandes plaies une forme ovale, parallèle au courant de la sève, avec les extrémités en pointe et bien nettoyer (voir page 47). Les portions atteintes de pourritures, caries ou chancres doivent être éliminées aussitôt que possible. Appliquer ensuite sur les plaies une couche mince de peinture au latex extérieur blanc. Ne jamais mettre de peinture à l'huile ou de goudron sur les plaies. La peinture au latex est supérieure aux émulsions d'asphalte qui forment en séchant une pellicule retenant l'humidité, ce qui favorise la pourriture. Lorsque le tronc principal est atteint, il est parfois impossible de sauver la plante atteinte. On doit alors l'éliminer afin d'éviter de conserver une source de maladie pour les autres végétaux environnants.

DÉPÉRISSEMENT

Les principales causes du dépérissement graduel des érables et autres feuillus, le long des routes ou des grandes artères, sont : l'âge avancé de l'arbre, les périodes prolongées de sécheresse, les basses températures hivernales, les polluants atmosphériques, les produits chimiques utilisés contre la poussière, la glace et les mauvaises herbes, de fortes défoliations successives causées par des insectes et enfin la compaction du sol et le peu d'espace disponible pour le développement des racines. Il est important de conserver un espace adéquat exempt de pavage et autres structures qui empêchent les racines de recevoir eau et minéraux nécessaires.

Il faut donc assurer aux arbres une croissance vigoureuse par une fertilisation adéquate, l'arrosage en temps de sécheresse, etc.

Comment élever le niveau du sol sans faire mourir un arbre

Vue en coupe : Ancien niveau du sol **(a)**. Muret circulaire en pierre **(b)**. Pierre et gravier pour l'égouttement **(c)**. Terre à cultiver et niveau modifié **(d)**.

L'élévation du niveau du sol autour des arbres lors de la construction d'une maison ou d'un nouvel aménagement de terrain peut aussi causer le dépérissement. Un changement de niveau de 15 cm et plus, demande des soins particuliers (voir figure ci-contre).

Pour la plantation et les soins à donner aux arbres, demander la publication 1722 F : «*La culture des arbres dans les jardins canadiens*» au : Service de l'information, ministère de l'Agriculture du Canada, Ottawa, K1A 0C7.

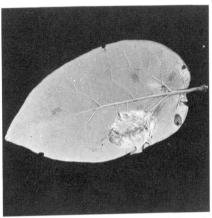

1 L'adulte de la **mineuse du bouleau** est une petite guêpe qui pond ses œufs en pratiquant une incision dans la feuille, grâce à un ovipositeur en forme de scie.

2 On peut apercevoir par transparence la larve de la **mineuse du chèvrefeuille** qui se nourrit entre les deux épidermes de la feuille.

3 Sur les pousses de **chèvrefeuille**, la prolifération végétative qui ressemble à du «balai de sorcière» est associée à la présence des pucerons.

4 **La brûlure du chèvrefeuille** (maladie fongique). Jaunissement, brunissement puis dessèchement d'aires plus ou moins grandes **sur les** feuilles; présence d'aires blanchâtres **sous les** feuilles.

Tétranyques : acariens minuscules qui donnent aux aiguilles une apparence jaunâtre lorsque la population est élevée. Des infestations graves répétées plusieurs années peuvent causer un dessèchement de l'arbre. (page 24, fig. 3).

À l'apparition de ce symptôme, les populations de tétranyques peuvent être réduites considérablement en arrosant les branches atteintes avec un jet d'eau puissant ; répéter au besoin. Si vous devez traiter, utiliser le savon liquide insecticide, le trichlorfon / oxydéméton-méthyl ou le dicofol*.

Chancre cytosporéen : dépérissement des branches de la base de l'arbre ; dépôts blancs, gommeux sur les branches malades et sur le tronc (voir page 65, fig. 2).

Éviter les blessures. La maladie attaque plus facilement les arbres peu vigoureux ; irriguer en période de sécheresse, fertiliser à tous les 2 ou 3 ans.

Les branches affectées ne peuvent être sauvées. Couper et détruire les branches malades et les deux branches saines au-dessus. Ne pas effectuer ce travail si les branches sont mouillées. Désinfecter le matériel avant chaque incision (4 parties d'eau / 1 partie de Lysol). Ne jamais appliquer de peinture à l'huile ou de goudron sur les plaies (voir page 47).

Un traitement au cuivre fixe peut prévenir l'infection. Traiter au départ de la végétation et répéter 3 à 4 fois à 2 ou 3 semaines d'intervalle. Arroser le tronc et les branches de la base.

LA BRÛLURE PRINTANIÈRE : Un brunissement du feuillage **au printemps** qui affecte spécialement les jeunes conifères. Prévention : les conifères ont besoin d'eau durant tout l'hiver, il faut donc irriguer copieusement tard à l'automne, surtout si le sol est sec. Protéger l'arbre contre les vents desséchants de l'hiver et l'insolation du printemps, en plaçant un écran (clôture à neige) du côté du soleil et des vents dominants.

1 Cette petite excroissance en forme d'ananas est sur le point de s'ouvrir et toute une colonie de **pucerons à galles de l'épinette** va en émerger.

2 Symptômes de la **rouille** sur le **gadelier alpin**. Les excroissances au revers de la feuille (à gauche) sont de couleur orangée. Cette maladie se communique au **pin blanc** sous forme de **rouille vésiculeuse**.

* Se conformer aux directives de l'étiquette et respecter l'intervalle de sécurité.

ÉRABLE

Perceur de l'érable : la larve blanchâtre creuse des galeries dans le tronc et les branches. La vermoulure et l'écoulement de sève qui en résultent indiquent sa présence. Une infestation grave peut causer la mort de l'arbre.

Examiner les arbres de temps en temps. Dans les cas isolés, couper les branches atteintes et les détruire, ou tuer les larves en introduisant une broche flexible dans les galeries.

 Phytoptes : acariens qui produisent des galles ou des taches sur la face supérieure des feuilles. Les galles ont l'apparence de petites poches ou vésicules (phytoptes vésiculaires) ou sont de forme allongée (phytoptes fusiformes) ; les taches sont d'un aspect velouté (phytoptes veloutants). Ces proliférations sont à l'origine jaune verdâtre et rougissent par la suite. (page 65, fig. 3).

Ces trois espèces d'acariens font peu de tort aux érables quel que soit le degré d'infestation du feuillage.
Il est habituellement inutile de recourir à un traitement acaricide. En certains cas, pour sauvegarder l'aspect esthétique des jeunes arbres, on peut pulvériser à l'huile de dormance avant l'ouverture des bourgeons au printemps. Éviter de faire un traitement avant une gelée.

Brûlure des feuilles : en plein été, les feuilles brunissent et se dessèchent.

Plusieurs causes sont responsables de ce phénomène. Sécheresse, vents chauds de l'été ainsi que le manque de vigueur de l'arbre sont les plus communes. Favoriser une croissance vigoureuse par une bonne fertilisation (voir page 98) et donner de l'eau en période de sécheresse.

Chancres : formation de chancres bordés de bourrelets et portant souvent des granulations orangées.

Couper et brûler les rameaux malades. Gratter les chancres des troncs, les traiter au fongicide à base de cuivre, et appliquer une peinture d'extérieur blanche au latex. Au débourrement et à la chute des feuilles, traiter avec un fongicide à base de cuivre.

GADELIER ALPIN

  Cèphe du groseillier : flétrissement des nouvelles pousses causé par une entaille pratiquée par la femelle. L'œuf est déposé dans la tige au-dessous de l'entaille ; après éclosion, la larve descend dans la tige.

Dès l'apparition de tiges flétries, couper à 5 cm en dessous de l'entaille circulaire et brûler les parties enlevées. Détruire toutes les tiges séchées au cours de la saison.
À défaut de cette mesure, traiter au carbaryl dès l'apparition des premières tiges flétries et répéter 7 à 10 jours plus tard*.

 Sésie du groseillier : petite larve blanchâtre qui creuse des galeries à l'intérieur des tiges, généralement à la base de celles-ci et cause leur dessèchement.

Couper les tiges infestées à la base et les brûler. Si l'insecte a été observé l'année précédente, traiter à l'endosulfan ou au carbaryl vers le 10 juin et répéter 15 jours plus tard.

* Se conformer aux directives de l'étiquette et respecter l'intervalle de sécurité.

Anthracnose : sur les feuilles, petites taches circulaires brunes ou noires, provoquant une défoliation ; maladie importante à surveiller particulièrement si elle a été observée l'année précédente. (voir page 65, fig. 4).

> Ramasser et détruire les feuilles tombées. Traiter vers la fin de mai dès l'apparition des premières taches avec du bénomyl ; par temps pluvieux répéter les traitements tous les 10 à 14 jours jusqu'au milieu d'août.

Blanc : léger duvet blanchâtre sur les feuilles ; maladie reliée à des conditions élevées d'humidité de l'air.

> Cette maladie peut apparaître au début de l'été. Les traitements effectués contre l'anthracnose sont également efficaces contre le blanc.

Rouille : des taches oranges apparaissent à la face inférieure des feuilles et il y a des pustules brunâtres à la face supérieure (voir page 67, fig. 2).

> Cette maladie se transmet au pin blanc sur lequel elle cause une rouille vésiculeuse. Ne pas planter cette espèce en compagnie du pin blanc si la maladie se manifeste.

GENÉVRIER

Brunissure fongique d'aiguilles : maladie causée par un champignon. Les aiguilles et les jeunes pousses passent du brun pâle au brun rouge, puis au gris et dépérissent lentement en commençant par leur partie terminale. Les plants de moins de cinq ans sont souvent détruits. Cette maladie est plus sérieuse par temps humide ou dans des endroits ombragés et humides. Elle ressemble parfois à un problème de sécheresse. La démarcation entre les tissus sains et morts est cependant très nette chez la brûlure, alors que progressive dans le cas d'une sécheresse. De plus, les symptômes sont observables le plus souvent sur des branches isolées plutôt qu'uniformément sur toute la plante comme dans le cas d'une sécheresse.

> Faire le premier traitement avec un mélange à base de cuivre, puis les traitements suivants avec du bénomyl. Répéter le traitement 3 à 4 fois à intervalles de 10 à 14 jours. Détruire les branches infectées. Les branches doivent être coupées dans les tissus sains, sous la ligne de démarcation de la maladie. Si la brûlure a été observée au cours de la saison, effectuer un traitement à l'automne avec du bénomyl additionné d'un adjuvant. Arracher et détruire les arbres morts.

Rouille vésiculeuse : présence de petites masses gélatineuses orange sur les aiguilles au printemps et de galles rouge orangé à la fin de l'été au bout des branches.

> S'il y a quelques branches attaquées, tailler les parties atteintes. Éviter de planter des plantes de la famille des rosacées (pommiers, aubépines, etc.) tout près car le champignon a besoin de ces hôtes intermédiaires pour se reproduire. S'il y a eu infestation l'année précédente, faire 3 traitements au début du printemps à 10 jours d'intervalle avec un fongicide à base de soufre, de ferbam ou de benlate.

1 **La fausse-teigne du lilas** : Comme dans le cas du bouleau et du chèvrefeuille ce dégât observé couramment est causé par une petite larve qui mine l'intérieur de la feuille.

2 **Le blanc du lilas** : Cette maladie apparaît généralement au mois d'août lorsque les journées chaudes sont suivies de nuits fraîches.

3 **Dégât du perce-pousse européen du pin** : Causé par une chenille brun foncé à tête noire, fréquente sur les bourgeons et les nouvelles pousses des pins rouges et des pins Mugho.

4 **La brûlure bactérienne** : se rencontre aussi bien sur le pommier (notre photo) que sur le sorbier. C'est une maladie difficile à contrôler.

5 **La tache noire du rosier** : Apparition de taches foliaires noires à contour frangé puis jaunissement et chute des feuilles.

6 **Le blanc du rosier** : Un duvet blanc et poudreux recouvre les feuilles et parfois les tiges et les bourgeons de la plante malade.

GLAÏEUL

 Thrips : insectes minuscules qui causent une décoloration linéaire, parallèle aux nervures, rendant cette partie de la feuille transparente.

Un traitement insecticide des cormus est nécessaire à la survie de cette plante (voir traitement contre la pourriture des cormus, ci-après). Sur le feuillage, traiter au carbaryl ou au malathion, dès l'apparition des premiers dégâts*.

 Pourriture des cormus : (cormus : rhizome des glaïeuls ayant l'apparence d'un bulbe) : sur le feuillage, brunissement au niveau du sol ; sur les cormus, taches noires, circulaires et creuses.

L'adulte du **thrips** est un minuscule insecte ailé.

Pour plantation et soins à donner aux glaïeuls, demander la publication 1229 : «*Culture des glaïeuls*» au Service de l'information du ministère de l'Agriculture du Canada, Ottawa, K1A 0C7.

En saison, détruire les plantes malades.

Lors de la récolte en fin de saison, éviter d'endommager les cormus en les manipulant avec soin. Assurer un bon séchage tôt après l'arrachage (3 à 7 jours à 27° C) et éliminer les cormus malades.

Après le nettoyage des cormus, poudrer avec un mélange captane/carbaryl*. Entreposer dans un endroit frais et sec (4 à 7°C).

Si tous les cormus et caïeux n'ont pas été traités après la récolte, les poudrer ou les tremper dans une bouillie à base de captane/carbaryl avant la plantation*. Désinfecter le couteau de taille avec une solution de 4 parties d'eau/1 partie de Lysol, lors de la coupe de cormus. Ne planter que des cormus sains et propres.

GLÉDITSIA (FÉVIER)

 Cécidomyie : insecte qui pond des œufs sur les folioles au début de la végétation. Des galles sont formées sur les jeunes feuilles en croissance qui jaunissent et meurent.

Aucun moyen de lutte chimique n'est disponible. On peut éliminer les feuilles sur lesquelles apparaissent les galles afin de réduire l'infestation.

IRIS

 Perceur : des larves se nourrissent dans des tunnels pratiqués dans les feuilles et dans le rhizome. Les plants atteints sont aussi éventuellement affectés d'une pourriture du rhizome.

Éliminer les plantes atteintes, ainsi que les feuilles et autres débris végétaux à chaque automne lors de la division des plantes.

---

* *Se conformer aux directives de l'étiquette et respecter l'intervalle de sécurité.*

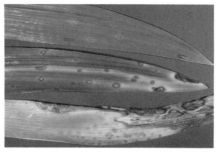

Ces feuilles d'*Iris germanica* manifestent à divers degrés les symptômes de la **tache hétérosporienne,** maladie difficile à contrôler.

 Tache hétérosporienne : sur le feuillage, taches elliptiques grisâtres, à contour rouge. Les cultivars d'*Iris germanica* sont spécialement sensibles à cette maladie.

> Éliminer les feuilles malades. Appliquer 3 à 5 kg de pierre à chaux fine par 10 m². Traiter le feuillage avec du Folpet ou du sulfate de cuivre tribasique selon les directives de l'étiquette.

LILAS

  Fausse-teigne du lilas (mineuse) : larve qui se nourrit à l'intérieur des feuilles et qui provoque un dessèchement de la partie minée. (voir page 70, fig. 1).

> Généralement les attaques répétées ont peu de conséquences sur la survie de l'arbre. Enlever les feuilles atteintes à la main, si peu nombreuses ; si un traitement s'avère nécessaire, employer du diméthoate vers la fin de juin, début de juillet.

 Blanc : léger duvet couvrant les feuilles. (voir page 70, fig. 2).

> Sur le lilas, cette maladie cause peu de dommages et requiert rarement un traitement. Si nécessaire, traiter au bénomyl*. Ramasser et détruire les feuilles à l'automne.

MÉLÈZE

 Porte-case du mélèze : les aiguilles brunissent en grande quantité en mai et juin ; les aiguilles affectées portent un petit trou à mi-longueur.

> Vaporiser une huile de dormance en début de saison ou du méthoxychlore plus tard au printemps, lorsque les premiers symptômes se manifestent.

---

* *Se conformer aux directives de l'étiquette et respecter l'intervalle de sécurité.*

ORME

 Maladie hollandaise de l'orme : jaunissement et flétrissement du feuillage sur certaines branches ; défoliation partielle puis dépérissement graduel et mort de l'arbre. Cette maladie est propagée par des scolytes. (voir page 76, fig. 3).

Pour une identification certaine de la maladie, s'adresser à :

Forêts Canada
Centre de foresterie des Laurentides
RIMA
1055, rue du PEPS
Case postale 3800
Sainte-Foy (Québec) G1V 4C7
(418) 648-5849

Les ormes sains de grande valeur ornementale peuvent être protégés par des traitements fongicides appropriés. Les municipalités ou des compagnies privées peuvent faire ces traitements à chaque année. Il est souvent moins cher de protéger un bel arbre sain que de faire abattre un arbre mort, sans compter la perte esthétique de l'arbre.

Les ormes morts doivent être abattus et brûlés. Si les bûches sont conservées, elles doivent être écorcées et l'écorce brûlée pour détruire tous les insectes propagateurs susceptibles de s'y réfugier.

PHLOX

 Blanc : duvet blanc poudreux sur les feuilles et parfois même sur les tiges dû à la présence d'un champignon. Cause le dessèchement prématuré du feuillage et abrège la période de floraison. Cette maladie est fréquente.

À la fin de juin ou dès l'apparition des premiers symptômes de la maladie, traiter avec du bénomyl ou du soufre 90-95%*. Répéter ce traitement 3 ou 4 fois à 10 jours d'intervalle. À l'automne, couper les tiges aussi près de la terre que possible et les brûler.

PIN

 Perce-pousse européen du pin : petite larve brun foncé, à tête noire, se nourrissant à l'intérieur des bourgeons et des nouvelles pousses qui se replient et sèchent. Se rencontre surtout sur les pins rouges et Mugho (voir page 70, fig. 3).

Dès l'apparition des premiers dommages, au cours des 2 premières semaines de juin, couper et brûler les pousses infestées. En cas d'infestation importante, traiter au départ de la végétation, le printemps suivant, au diméthoate ou au diazinon*. Répéter au début de juillet.

---

* Se conformer aux directives de l'étiquette et respecter l'intervalle de sécurité.

Pucerons : des masses cotonneuses blanches sont trouvées sur le tronc et les branches.

Pulvériser de l'huile de dormance en avril ou du diméthoate en mai, lorsque les insectes apparaissent.

 Cochenilles : les aiguilles sont parsemées ou parfois totalement couvertes d'insectes blancs ovales qui sucent la sève.

Même moyen de lutte que pour les pucerons.

Chancre cystoporéen : voir épinette, page 67.

 Rouille vésiculeuse : chancre en forme de fuseau souvent accompagné d'un écoulement de sève. Des pustules orangées apparaissent sur l'écorce affectée. La partie du feuillage en haut du chancre jaunit puis rougit.

Couper les branches atteintes en désinfectant les outils de taille. Éviter de planter des gadeliers ou groseillers à moins de 600 mètres des pins, car ils sont l'hôte de la maladie. Pour les cassis, il faut les planter à un kilomètre des pins.

Brûlure printanière : voir épinette, page 67.

Chute des aiguilles : le jaunissement et la chute des aiguilles à l'intérieur de l'arbre, à l'**automne**, est un phénomène normal. Il est bon de laisser s'accumuler ces aiguilles au pied des pins ; en plus de fournir de la matière organique, elles empêchent les mauvaises herbes de pousser.

PIVOINE

 Brûlure botrytique : taches rouges puis brunes se desséchant graduellement sur les feuilles et les tiges ; destruction des bourgeons floraux.

Couper et brûler les tiges malades ; appliquer du captane, du Zinèbe ou du cuivre tribasique dès l'apparition des symptômes, et répéter le traitement 10 jours plus tard. À l'automne, couper les tiges au niveau du sol et les brûler.

POMMETIER DÉCORATIF

 Tavelure : voir pommier, page 49.

Planter des variétés résistantes à la maladie, telles que Geneva, Liset, Royalty et Dolgo.

Brûlure bactérienne : voir sorbier, page 78.

 Chancres : les arbres portant des branches affaiblies par le gel ou le verglas développent parfois des chancres qui se reconnaissent à la couleur légèrement différente de l'écorce et à la présence de pustules minuscules noires ou orangées.

Il faut éliminer aussitôt que possible les branches atteintes et éviter de conserver les branches mortes sur l'arbre (voir page 60).

PRUNIER DÉCORATIF

 Tenthrède-squeletteuse du cerisier : larve noire et visqueuse, ressemblant à un têtard, qui squelettise la feuille. Ne détruit pas l'arbre, mais peut causer une défoliation sévère (voir page 76, fig. 1).

Au début de la saison, l'élimination à la main des feuilles infestées de larves s'avère souvent une mesure suffisante. Si nécessaire, traiter au carbaryl, au malathion ou au diazinon*. Ne pas traiter pendant la période de floraison pour protéger les abeilles.

 Pucerons : petits insectes suceurs, fragiles, qui se déplacent lentement ; vivent en groupe sous les feuilles des pousses terminales qu'ils décolorent et déforment (voir page 32, fig. 3).

Si la population est abondante, traiter au diméthoate ; répéter si nécessaire.

ROSIER

 Scarabée du rosier : insecte de couleur brun olivâtre, à longues pattes épineuses, qui mange les boutons et les fleurs (voir page 76, fig. 2).

Enlever les scarabées ou secouer les fleurs au-dessus d'un récipient et détruire l'insecte. Si nécessaire, traiter au carbaryl ou au diazinon en fin de journée afin d'éviter d'empoisonner les abeilles*.

Cécidomyie du rosier : les boutons floraux noircissent et se dessèchent avant l'ouverture ; les bourgeons et les nouvelles pousses sont aussi affectées et deviennent déformées, noircissent et meurent. Des petites larves blanches d'environ 2 mm sont trouvées dans les portions affectées.

Plusieurs vaporisations de diazinon à 7-10 jours d'intervalle seront nécessaires si l'infestation est importante.

 Tétranyque à deux points : voir concombre, page 33.

Voir épinette, page 67.

 Pucerons : voir prunier décoratif, ci-haut

Si la population est abondante, traiter avec un savon insecticide ou au diméthoate ou au trichlorfon/oxydéméton-méthyl*. Répéter si nécessaire.

 Blanc : duvet blanc et poudreux qui recouvre les feuilles et parfois les tiges et les bourgeons de la plante (voir page 70, fig. 6).

Ramasser et détruire les feuilles à l'automne. Traiter dès l'apparition des premiers signes de la maladie ; utiliser du soufre ou du bénomyl ou un mélange préparé spécialement pour le rosier*. Allouer 8 à 10 jours avant de répéter tout traitement.

---

* Se conformer aux directives de l'étiquette et respecter l'intervalle de sécurité.

Tache noire : taches foliaires noires à contour frangé puis jaunissement et chute des feuilles (voir page 70, fig. 5).

Ramasser et détruire les feuilles à l'automne. Détruire les branches résultant de la taille de rosiers atteints de taches noires. Au printemps, commencer à traiter dès que les feuilles sont étalées, si la maladie est présente l'année précédente; utiliser du captane ou du bénomyl ou un mélange préparé spécialement pour le rosier*. Allouer 8 à 10 jours avant de répéter tout traitement.

SAULE

 Chrysomèle versicolore : adulte bleu métallique et larve noir bleuâtre. Les deux s'attaquent au feuillage et peuvent causer une défoliation sévère (voir page 77, fig. 1, 2).

 Dès l'apparition des adultes en début de saison, traiter au carbaryl ou au méthoxychlore*.

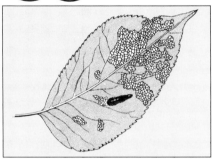

1 **La tenthrède-squeletteuse du cerisier.** Cette larve à la moitié antérieure renflée, est recouverte d'une sécrétion visqueuse et noire.

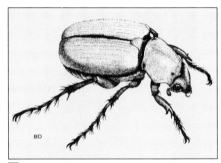

2 Le **scarabée du rosier** qui a les pattes brunes et le corps gris-olivâtre mange les boutons et les fleurs. Ce coléoptère s'attaque également au feuillage de plusieurs arbustes et arbres.

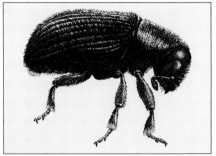

3 Les **scolytes de l'orme** sont de petits coléoptères brun noirâtre qui transportent les spores de la maladie hollandaise de l'orme.

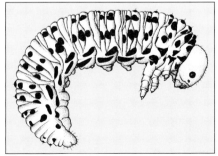

4 La larve de la **tenthrède du sorbier** commence par défolier le sommet de l'arbre avant de s'attaquer aux feuilles du bas.

* Se conformer aux directives de l'étiquette et respecter l'intervalle de sécurité.

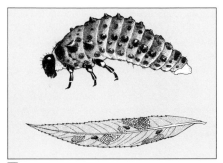

1 La larve de la **chrysomèle versicolore** mange sous la feuille de saule en laissant les nervures.

2 L'adulte de la **chrysomèle versicolore** d'un bleu-noir métallique, grignote les feuilles sans laisser de nervure.

 Orcheste du saule : petit charançon noir d'environ 2 mm de long qui se nourrit des feuilles en y pratiquant des perforations circulaires. Les premières larves éclosent vers la mi-juillet et minent les feuilles. La surface supérieure de celles-ci devient alors plus ou moins brune selon le nombre de mines par feuille.

> Difficile d'envisager un moyen de répression efficace. Si les dégâts ont été importants l'année précédente, on peut limiter les dommages en traitant au carbaryl ou au diazinon dès l'ouverture des bourgeons. Répéter les traitement deux semaines plus tard afin de couvrir le feuillage.

Galle rouge du saule : des galles rouges apparaissent sur les feuilles ; elles sont causées par la femelle d'une mouche-à-scie au moment de la ponte et la larve se développe généralement à l'intérieur de cette excroissance.

> Aucun traitement n'est recommandé car ceci n'affecte pas la survie de l'arbre. Pour diminuer la propagation de l'insecte, ramasser les feuilles à l'automne et les détruire.

SORBIER

Tenthrède du sorbier : larves jaunâtres avec taches noires qui se tiennent en colonies sur le pourtour des feuilles qu'elles dévorent au début de l'été. Une infestation importante occasionne une défoliation rapide et grave (voir page 76, fig. 4).

> Par une surveillance étroite en début de saison, il est possible d'observer l'arrivée de cet insecte et d'éliminer les premiers foyers d'infestation en arrachant les folioles attaquées. Si nécessaire, traiter au méthoxychlore ou au carbaryl*. Généralement un traitement suffit.

* Se conformer aux directives de l'étiquette et respecter l'intervalle de sécurité.

Brûlure bactérienne : flétrissure du jeune rameau ; les feuilles ne tombent pas, brunissent et restent souples. Sur les branches et le tronc se développent des chancres. Cette maladie affecte également le pommetier décoratif, le pommier et l'aubépine (voir page 70, fig. 4).

Cette maladie est transmise au moment de la floraison par les insectes pollinisateurs. Aucun traitement n'est réellement efficace.

Couper les branches à 60 cm sous les touffes de feuilles desséchées. Désinfecter le sécateur entre chaque coupe avec une solution d'eau + Lysol, 4 : 1. Si la maladie se propage aux branches charpentières et au tronc, arracher l'arbre et le brûler.

La plantation de sorbiers sensibles à la brûlure bactérienne est déconseillée dans la régions où sévit la maladie. Certaines variétés comme le **Rosedale** sont cependant assez résistantes. Consulter un pépiniériste.

THUYA (CÈDRE)

  Tétranyques (mites) : minuscules acariens qui donnent aux aiguilles une apparence grisâtre ou de couleur rouille. Apparition d'un réseau de petits fils entre les rameaux, dans les cas graves.

Si des dégâts ont été observés l'année précédente, traiter au dicofol, au trichlorfon / oxydéméton-méthyl ou au savon insecticide, en début de saison ; répéter après 7 à 10 jours*.

Brunissure fongique d'aiguilles : Voir genévrier page 69.

Chute du feuillage : Le jaunissement et la chute du feuillage de l'intérieur de l'arbre à l'*automne* est un phénomène normal, comparable à la chute automnale des feuilles des espèces décidues. Il est toutefois plus prononcé sur des cèdres qui manquent de vigueur et dont la croissance est faible. Ne pas confondre avec la *Brûlure printanière* décrite en page 67.

---

* *Se conformer aux directives de l'étiquette et respecter l'intervalle de sécurité.*

TAILLE DES ARBRES ET DES ARBUSTES

La taille est nécessaire autant pour la beauté que pour la santé de l'arbre ou de l'arbuste. Bien faite, elle produit un spécimen équilibré et agréable à la vue; en enlevant les branches mortes et malades et en éliminant celles qui empêchent l'air et la lumière d'atteindre le centre de l'arbre ou de l'arbuste, la taille permet de conserver la plante en bonne santé.

Voici les trois principales sortes de taille :

- de transplantation
- d'entretien
- de rajeunissement

TAILLE À LA TRANSPLANTATION
But: rétablir l'équilibre entre le système radiculaire et les tiges.

ARBRES ET ARBUSTES À FEUILLES CADUQUES

- **Dans le cas où les racines sont nues à la transplantation**, il faut escompter qu'une bonne part du système radiculaire a été endommagée ou coupée (voir page 80, fig. 1, A). On élimine les rameaux indésirables (trop rapprochés, entrecroisés ou formant un angle aigu avec le tronc), pour ne conserver que des branches charpentières bien distribuées (B) qui sont ensuite rabattues du tiers (C). Cette pratique rétablit l'équilibre entre les racines et le feuillage et permet au jeune plant de surmonter plus facilement le choc de la transplantation.

  Note: les fourches en Y sont à éviter car elles constituent un point faible sujet à se fendre par la suite (voir page 80, fig. 2).

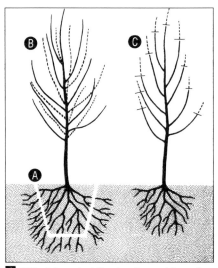

1 Taille de transplantation dans le cas où les racines sont nues.

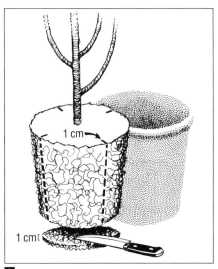

2 La branche (**A**) forme un angle trop aigu avec le tronc («fourche en Y») et doit être éliminée (**B**) pour éviter qu'elle ne fende plus tard (**C**).

- **Dans le cas d'un arbuste acheté dans un pot de tourbe**, il faut le retirer du pot avant de le planter. S'il a été empoté depuis peu, les racines n'occuperont pas tout l'espace intérieur du récipient et il faudra le traiter comme un arbuste transplanté avec les racines à nu.

Si par contre l'arbuste acheté en pot de tourbe a été plus d'une année dans le pot ou si l'arbuste a été cultivé en pot, le système radiculaire tapissera l'intérieur du récipient de façon compacte : pour favoriser la formation de nouvelles radicelles, on fera quatre entailles verticales avec un couteau bien aiguisé et on enlèvera une mince rondelle de 1 cm d'épaisseur du bas de la motte (voir fig. 3, ci-contre).

S'il y a lieu, on élimine les branches indésirables et on rabat les branches trop longues.

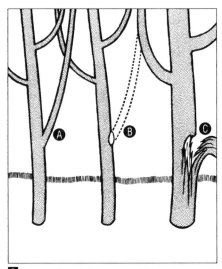

3 Taille de transplantation dans le cas où les racines occupent tout le contenant: comment favoriser la propagation de nouvelles radicelles.

ATTENTION : dans le cas d'arbustes destinés à une haie, il faut rabattre les branches de façon plus radicale (au moins de moitié), afin d'obtenir par la suite un plant fourni et large.

CONIFÈRES

• **Pour les jeunes conifères**, raccourcir seulement les branches trop longues. Ne pas couper la tête des conifères qui deviendront des arbres, mais seulement celle des arbustes pour leur donner la forme voulue : ainsi, on peut raccourcir la pousse terminale des thuyas (cèdres) pour qu'ils soient plus touffus.

Pour des informations supplémentaires, se reférer au bureau des normes du Québec, *Taille des jeunes arbres* — publication 0605-040.

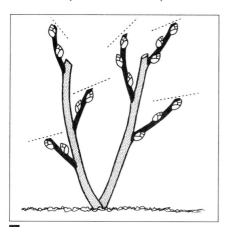 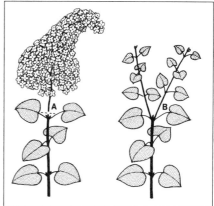

1 Taille des arbustes qui fleurissent sur le bois de l'année : les pousses de l'année précédente (en noir) sont rabattues au-dessus du 2e ou 3e bourgeon pointant vers l'extérieur.

2 Taille des arbustes qui fleurissent sur le bois de l'année précédente : aussitôt après la floraison, on coupe la tige (A) pour prévenir la fructification. Les bourgeons à la base se développent alors pour donner deux tiges qui fleuriront l'année suivante (B).

TAILLE D'ENTRETIEN

But: éclaircir les branches, diriger la forme du végétal et limiter son développement.

CATÉGORIE DE VÉGÉTAL	MOMENT DE LA TAILLE	QUOI ENLEVER
Arbres à feuilles caduques	Avant l'éclosion des bourgeons pour la plupart des espèces, sauf pour les arbres riches en sève (érable, bouleau, orme, noyer) qui sont taillés à partir du début de l'été.	Branches brisées, faibles ou mortes. Celles qui forment des angles trop aigus (voir page 80, fig. 2). Celles qui sont trop basses ; par exemple, si l'arbre est situé en bordure des trottoirs ou des allées de promenade, enlever les branches qui sont à moins de 1,8 m du sol.
Arbustes à feuilles caduques		
• Arbustes qui fleurissent sur le bois de l'année (floraison tard en été ; ex. hydrangée, rosiers à l'exception des rosiers grimpants).	Printemps, après que le risque des grosses gelées est passé et que les bourgeons commencent à croître.	Tiges cassées ou mortes. Tiges les plus vieilles et les plus faibles. Rabattre les tiges faibles. Rabattre les tiges conservées, au-dessus du 2e ou du 3e bourgeon de la pousse de l'année précédente. (voir page 81, fig. 1). Tous les gourmands et sauvageons des plants greffés.
• Arbustes qui fleurissent sur le bois de l'année précédente (ex. spirée Van Houtte, lilas, seringat).	Aussitôt après la floraison.	Les fleurs fanées (voir page 81, fig. 2). Quelques vieilles branches. Les rejetons, sauf 2 ou 3 pour remplacer les vieilles branches. Tous les gourmands et sauvageons des plants greffés.
Conifères (Arbres et arbustes)		
• Pin	Fin du printemps avant que les aiguilles de la chandelle (nouvelle pousse) ne s'étalent (voir page suivante).	Couper entre $\frac{1}{4}$ et $\frac{3}{4}$ de la chandelle selon que l'on désire un spécimen plus ou moins fourni.
• Épinette, sapin	Dès le développement complet de la nouvelle pousse.	Couper entre $\frac{1}{4}$ et $\frac{3}{4}$ de la nouvelle pousse. Tailler moins sévèrement la base pour qu'elle soit plus large que le sommet.
• Cèdres, genévriers, et ifs	Dès le développement des nouvelles pousses. De préférence en été, mais peut se faire en tout temps.	Couper dans la pousse de l'année ; pour le genévriers et les cèdres, éviter de couper dans le bois de plus de 2 ans.

C'est à la fin du printemps qu'on taille les pins en enlevant entre le ¼ et le ¾ de la chandelle, selon qu'on veut un spécimen plus ou moins fourni (**A**). Lorsque la nouvelle pousse a commencé à déployer ses aiguilles, il est trop tard pour faire cette opération (**B**)

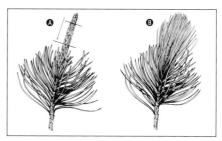

CATÉGORIE DE VÉGÉTAL	MOMENT DE LA TAILLE	QUOI ENLEVER
Haies		
• Classiques (forme régulière)		
— feuilles caduques	Au même moment que les arbustes à feuilles caduques.	Tailler pour donner une forme plus large du bas et arrondie sur le dessus. Cette forme de taille empêche la base de se dégarnir (à cause du manque de lumière) et la neige de s'accumuler sur le sommet et d'écraser la haie (voir figure ci-dessous).
— conifères*	Au même moment que les conifères (arbres et arbustes).	Tailler comme les conifères.
• Libres (fome régulière)	Correspond au moment de taille de l'arbuste qui forme la haie.	Ce qui serait enlevé à l'arbuste s'il était seul.

* Attention: l'emploi de l'épinette ou du sapin est à déconseiller pour les haies.

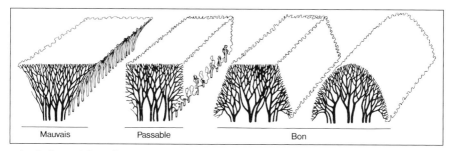

| Mauvais | Passable | Bon |

• **La haie mal formée** n'a probablement pas été assez rabattue lors de la plantation et, par la suite, on l'a taillée seulement sur le dessus. Elle risque de se faire écraser par la neige car elle est trop large du sommet et ses côtés sont dégarnis par manque de lumière.

• **La haie passable** a une forme intermédiaire: afin d'en arriver à une forme finale plus large à la base, on a d'abord taillé de façon à former une haie de même largeur à la base et au sommet. Puis les tailles subséquentes feront diminuer la largeur au sommet.

• **Les deux formes de droite** présentent un double avantage: les accumulations de neige risquent moins de les écraser et les côtés en pente reçoivent plus de lumière, ce qui favorise un feuillage garni jusqu'à la base.

TAILLE DE RAJEUNISSEMENT DES ARBUSTES FEUILLUS

But: stimuler la croissance de nouvelles tiges pour rajeunir des arbustes négligés ou vieux.
Moment: cette taille se fait à l'automne ou au printemps, avant l'ouverture des bourgeons.

DEUX MÉTHODES

Taille de rajeunissement échelonnée sur 2 ou 3 ans

- Première année:
  - éliminer le bois mort;
  - les tiges trop vieilles;
  - les tiges frêles;
  - raccourcir de moitié au moins.

- Deuxième année:
  - enlever le reste des vieilles tiges;
  - éclaircir les nouveaux rejetons;
  - conserver seulement les tiges fortes.

Taille de rajeunissement sévère

Ce genre de taille convient bien à une haie d'arbustes à croissance rapide devenue trop grande et entremêlée. En général, les chèvrefeuilles, les caraganas, les cornouillers, les philadelphus, les spirées et les rosiers rustiques y réagissent bien.

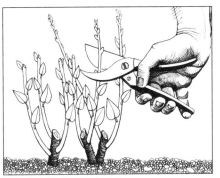

Taille de rajeunissement sévère.

On fertilise tôt au printemps, 2 à 3 semaines avant de tailler. Dès le début de la croissance, on rabat tous les plants à 15 cm du sol de façon à ne garder que 2 ou 3 bourgeons par tige. Grâce à la fertilisation apportée au système radiculaire encore intact, la repousse sera très rapide et vigoureuse. Jusqu'en début d'été, on rabat encore la pointe des repousses à chaque 15 cm de croissance, ce qui assure une bonne formation de branches charpentières à la base des plants (voir figure ci-contre).

REMARQUES GÉNÉRALES

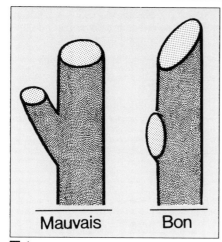

1 Éviter de tailler sur un plan horizontal.

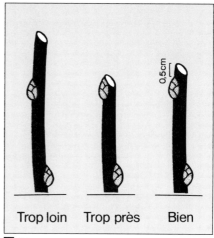

2 Où rabattre une branche?

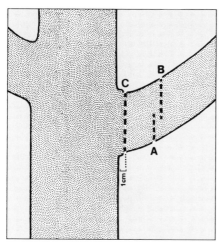

3 Comment enlever une grosse branche.

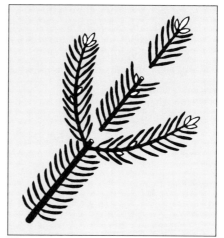

4 Comment raccourcir une branche de conifère.

LA BONNE FAÇON DE TAILLER

- Couper les sauvageons et gourmands au niveau du sol ou le plus près possible de la branche mère (1 cm). Ne pas laisser de chicots de branches : ils retardent le processus de cicatrisation et facilitent l'entrée des maladies et insectes.

- Éviter de tailler les branches sur un plan horizontal de peur que l'eau ne séjourne sur la blessure (voir fig. 1, ci-dessus).

85

- Où rabattre une branche?
  Trop loin du bourgeon, la branche risque de pourrir.
  Trop près du bourgeon, on risque de l'endommager. La bonne distance à garder est d'environ 0,5 cm (voir page 85, fig. 2).
- Rabattre une branche au-dessus d'un bourgeon qui pointe dans la direction où vous voulez orienter la repousse, vers l'extérieur de l'arbre (voir page 81, fig. 1).
- Pour enlever une branche d'un diamètre supérieur à 2,5 cm suivre la méthode illustrée en page 85, fig. 3.
  — faire une entaille de bas en haut à 25 cm du tronc (A).
  — scier la branche sur le dessus à environ 2,5 cm à l'extérieur de l'entaille du dessous (B); ainsi, lorsque le poids fait casser la branche, l'écorce ne se déchire pas plus loin que l'entaille du dessous.
  — enlever le moignon en le sciant à 1 cm du tronc et parallèlement à celui-ci (C) et le tenir pour ne pas déchirer l'écorce du tronc.
  — il est préférable de laisser la plaie à l'air libre.
- Pour raccourcir une branche de conifère, écarter le feuillage et couper à l'intérieur, soit près d'une fourche, soit au-dessus d'un bourgeon (voir page 85, fig. 4).
- Si la tête d'un conifère se brise, voici comment réparer le dégât (voir figure ci-dessous).
  — couper le reste de tige centrale en biseau juste au-dessus du prochain nœud (A);
  — à l'aide d'un tuteur, redresser l'une des branches latérales, préférablement celle du côté des vents dominants (B);
  — pour attacher le tuteur, se servir d'une bande large (plastique, caoutchouc, métal) et non de fil de fer ou de câble trop mince qui peuvent pénétrer l'écorce et couper la circulation de la sève.
  — Au bout d'un an, enlever le tuteur lorsque la nouvelle tête a pris un port vertical.
- Il est préférable, pour l'apparence et parfois pour la santé de l'arbre, de ne pas enlever les branches inférieures des grands conifères (pin, sapin, épinette). Éviter également d'endommager l'extrémité des tiges lors de la tonte du gazon.

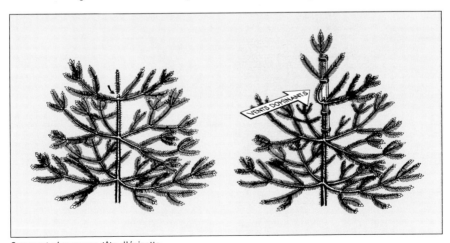

Comment réparer une tête d'épinette

LES OUTILS

Se servir d'un outil aiguisé et bien adapté à l'ouvrage que l'on fait : des cisailles (A) pour les haies, un sécateur (B, C) pour les rameaux et enfin, une scie (D, E) pour les branches plus grosses. Si on taille un plant qui présente des symptômes de maladie (chancre, brûlure, champignon), il vaut mieux désinfecter la lame avec du Lysol pour ne pas pro-

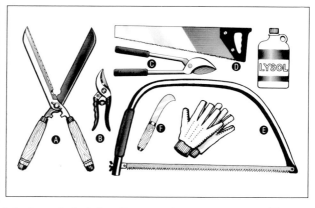

pager l'infection. Il en est également ainsi des divers couteaux et serpettes (F) avec lesquels on peut tailler et nettoyer les plaies pour en favoriser la cicatrisation.

PELOUSES

Mauvaises herbes annuelles

Utiliser le chlorambène, la trifluraline ou le chlorthal après la plantation, mais avant la levée des mauvaises herbes*. Vérifier sur les étiquettes la liste des plantes ornementales annuelles et vivaces tolérantes à ces différents herbicides.

Fourmis : se manifestent dans les pelouses et entre les dalles par l'apparition de petites monticules de terre. Ne causent pas de dommages aux plantes.

Ne traiter que les fourmilières en utilisant du chlorpyrifos* ou autres produits recommandés.

Lombrics (vers de terre) : forment des bosses qui rendent la pelouse raboteuse. Sont utiles en favorisant l'aération du gazon.

Lorsque le sol est humide, le ramassage à la main diminue les populations. Aplanir les bosses au moyen d'un aérateur à gazon, passé tôt au printemps ou à l'automne, suivi d'un léger roulage.

Punaise velue : adultes et larves qui se nourrissent au niveau du collet et des racines des graminées et qui causent le jaunissement et le brunissement en plaques de la pelouse. Pour être certain de la présence des insectes, enfoncer dans le sol une boîte de conserve ouverte aux deux bouts et en remplir la partie supérieure d'eau. Les punaises flotteront à la surface de l'eau (voir fig. à la page 89).

Les arrosages fréquents et abondants peuvent contribuer à éliminer une bonne partie de ces insectes. Si les dégâts progressent, traiter au carbaryl, au diazinon ou au chlorpyrifos, principalement le pourtour des endroits infestés*. Pour obtenir de meilleurs résultats, arroser le sol, avant et après le traitement. Si les surfaces infestées sont très grandes, ayez recours à une compagnie spécialisée.

Pyrale des prés : larves de couleur brunâtre dont le corps est court et épais (1 à 2 cm de long) et parsemé de poils grossiers. La pelouse a l'air déchiquetée et en plaques, portant de nombreuses toiles. Les papillons voltigent sur le dessus de la végétation.

Voir punaise velue, ci-dessus.

Blanc : duvet blanc grisâtre sur la face supérieure des feuilles, causant leur jaunissement et leur dessèchement.

Cette maladie se développe plus facilement dans les endroits ombragés ; favoriser la circulation de l'air.
Si l'infestation devient importante, traiter au chlorothalonil ou au bénomyl, en débordant légèrement la surface atteinte*.

---

* Se conformer aux directives de l'étiquette et respecter l'intervalle de sécurité.

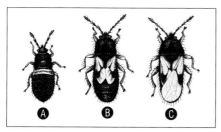

La **punaise velue** est un petit insecte d'apparence assez terne : chez les larves noires ou brunes, les ailes sont absentes (**A**) ou peu développés (**B**) tandis que l'adulte est noir avec des pattes brunes et des ailes blanchâtres (**C**).

MAUVAISES HERBES

Mesures préventives

Afin de prévenir l'envahissement des mauvaises herbes dans les pelouses, il faut :

1. établir un gazon dense, en utilisant des espèces ou des mélanges adaptés aux conditions locales ;

2. utiliser des semences de première qualité ;

3. adapter la hauteur de coupe aux plantes cultivées : 3 cm pour les pâturins et les fétuques, ou plus bas si la pelouse est constituée de pâturin Merion ou d'agrostides ;

4. tondre fréquemment, en n'enlevant jamais plus que le ⅓ du feuillage ;

5. maintenir la fertilité du sol.

RÉPRESSION : AVANT LE SEMIS

• **Mauvaises herbes annuelles et vivaces**.

Méthode culturale : travailler le sol à une profondeur de 5 à 10 cm avec une bêcheuse rotative. Travailler de nouveau le sol à une profondeur de 5 à 10 cm aussitôt après une bonne repousse de la végétation. Le travail du sol doit être répété plusieurs fois au cours de la saison pour permettre la germination des graines dans le sol et pour détruire complètement les parties souterraines des plantes vivaces.

Méthode chimique : appliquer l'herbicide paraquat/diquat, lorsque la végétation est en pleine croissance et à environ 20 cm de hauteur. Ce traitement « brûlera » toute végétation. Lorsque la végétation sera morte, soit de 5 à 10 jours après le traitement, travailler et niveler le sol et ensemencer. La méthode chimique est efficace, rapide et elle peut être utilisée pour renouveler une pelouse trop clairsemée ou envahie par un trop grand nombre de mauvaises herbes.

RÉPRESSION : PELOUSE ÉTABLIE

Il n'est pas toujours nécessaire de traiter toute la surface de la pelouse.

• **Mauvaises herbes à feuilles larges** (plantain, pissenlit, stellaires, trèfles, etc.). Quelques mauvaises herbes à feuilles larges sont illustrées en page 90, 91 et 92).

Méthode culturale : le désherbage peut s'effectuer à la main et aussi avec des outils appropriés car il faut enlever toute la racine des plantes vivaces (ex. : pissenlit) pour les empêcher de repousser. Ce travail est d'autant plus facile et efficace que le sol est humide.

Méthode chimique : Utiliser les herbicides seulement lorsque le nombre de mauvaises herbes le justifie. Ces traitements sont plus efficaces au printemps ou en septembre, quand les mauvaises herbes sont en pleine croissance. Suivant les mauvaises herbes présentes, se procurer l'un ou l'autre des herbicides suivants : 2,4-D amine contre le plantain et le pissenlit (ne pas utiliser sur les agrostides) ; mélange 2,4-D / mécoprop contre les stellaires, les trèfles, les lupulines ; mélange 2,4-D / mécoprop ou 2,4-D / mécoprop / dicamba contre la plupart des mauvaises herbes à feuilles larges*.

Les premiers effets des pulvérisations au 2,4-D sont visibles quelques heures après la pulvérisation (enroulement de feuilles, torsion des tiges, etc.). Cependant, la destruction et la disparition complète des mauvaises herbes peut prendre jusqu'à deux semaines. Si les symptômes sont présents (enroulement des feuilles, brunissement, perte de turgescence, etc.) et que la pulvérisation a été bien faite, éviter de refaire une application. Laisser aux herbicides appliqués le temps d'exercer leur action.

Éviter de pulvériser la bouillie près des fleurs, des arbustes et des légumes : la dérive des gouttelettes et les vapeurs peuvent endommager ces plantes. Une technique simple décrite à la page 14 permet d'éliminer ces inconvénients.

- **Graminées** (digitaire page 91, fig. 3 et pâturin annuel).

Voir remarques générales ci-haut.
Appliquer le bensulide ou le chlorthal tôt au printemps avant la germination de la digitaire et du pâturin annuel ou tard à l'automne*.

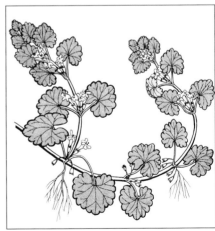

1 Plantain majeur. Plante vivace, feuilles ovales et en rosette, fleurs vertes en épis.

2 Lierre terrestre. Plante vivace, rampante, à tige carrée s'enracinant aux nœuds, fleurs bleu violet. Sa présence confère souvent au gazon une teinte violacée.

* Se conformer aux directives de l'étiquette et respecter l'intervalle de sécurité.

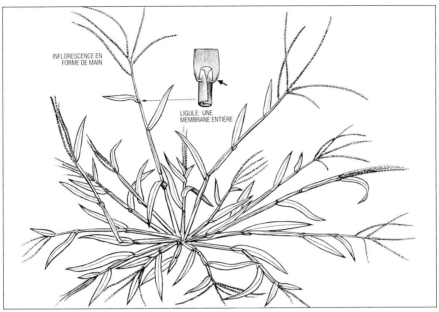

INFLORESCENCE EN
FORME DE MAIN

LIGULE : UNE
MEMBRANE ENTIÈRE

1 **Digitaire**. Plante annuelle, semi-dressée ; épis disposés comme les doigts de la main.

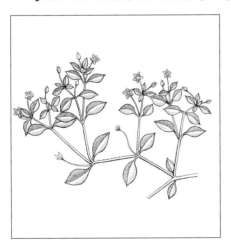

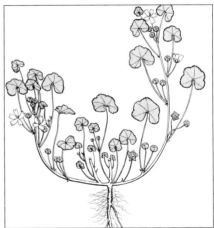

2 **Stellaire moyenne**. Plante annuelle, rampante, feuilles opposées, fleurs blanches en forme d'étoiles. Les tiges faibles et nombreuses forment généralement un tapis.

3 **Mauve à feuilles rondes**. Plante annuelle à bisannuelle ; fleurs blanc rosé.

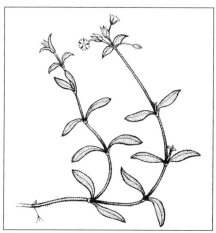

1 **Stellaire à feuilles de graminées**. Plante vivace à petites fleurs blanches. Tiges souterraines, courant près de la surface du sol et émettant des rameaux aériens. Feuilles étroites et longues, rappelant celles des graminées.

2 **Céraiste vulgaire**. Plante bisannuelle ou vivace. Tiges rampantes, mais se redressant pour porter les fleurs. Ressemble beaucoup aux stellaires par ses petites feuilles opposées et ses fleurs blanches, mais s'en distingue par ses poils très abondants sur toutes les parties.

VERTÉBRÉS NUISIBLES

MAMMIFÈRES

Les mammifères qui occasionnent des dommages aux plantes et au terrain sont: le campagnol des champs, la taupe, la marmotte, le raton laveur, l'écureuil, la mouffette, le lièvre, le chat et le chien.

Avant d'employer tout moyen de lutte, il est bon de s'assurer que le ravageur est encore présent ou fréquente encore le jardin. En premier lieu, faire l'observation de sa présence, en recherchant les traces fraîches de son passage: pistes au sol, crottes, dégâts récents. Ensuite, si on a repéré son terrier, en boucher l'ouverture avec de la terre et attendre sa réouverture. Dans le cas de la taupe, cette pratique est importante, car souvent l'animal est déjà parti ailleurs à la recherche de sa nourriture. Il faut aussi bien identifier l'animal, afin d'apporter le correctif approprié.

MESURES PRÉVENTIVES

Tenir son terrain d'une propreté impeccable. Éviter les amas de bois, de branches, de roches et d'objets de toutes sortes. Garder son gazon court. Éviter les accumulations de foin. Nettoyer les talus et les fossés. Ramasser les feuilles, les légumes non récoltés et les fruits tombés. Le chat demeure toujours un excellent auxiliaire contre les rongeurs.

CAMPAGNOL DES CHAMPS

Arbres fruitiers, arbres d'ornement, arbustes: le campagnol gruge l'écorce du tronc des arbres sous la neige durant l'hiver (voir page 55, fig. 6).

En octobre ou novembre, entourer le tronc sur une hauteur d'au moins 50 cm ou jusqu'aux premières branches charpentières dans le cas des jeunes arbres et des arbustes. Pour ce faire, utiliser un treillis métallique, dont les mailles n'ont pas plus de 1 cm. Enfouir le treillis dans le sol à une profondeur d'environ 5 cm.

L'emploi d'un répulsif à rongeur, à base de thirame, donne également de bons résultats. Appliquer sur le tronc et les branches charpentières de l'arbre en pulvérisation ou en badigeonnage. Utiliser le répulsif tard à l'automne, avant la première neige, par une température supérieure à 5° C.

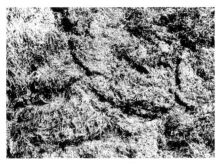

La fonte des neiges laisse apparaître dans les pelouses les chemins que les **campagnols** ont faits pendant l'hiver.

TAUPE

Pelouses : la présence des taupes se manifeste par un réseau de galeries visibles à la surface du sol et ponctuées de monticules de terre, bien caractéristiques.

Ne pas confondre avec les chemins que les campagnols font dans les pelouses pendant l'hiver et qu'on observe à la fonte des neiges (voir photo ci-dessus).

Dans les galeries à tous les 5 mètres, à l'aide d'une tige métallique, introduire des appâts empoisonnés et recouvrir l'ouverture. Éviter d'endommager les galeries et recommencer l'opération au besoin. Préparer les appâts en coupant des vers de terre frais en 3 ou 4 morceaux et les enrober avec l'un des raticides suivants : warfarine, proline, chlorophacinone, diphacinone et noix vomique.

Introduire du paradichlorobenzène dans les ouvertures des galeries, et refermer ensuite à l'aide d'une pierre. Le formol ou la naphtaline donne également de bons résultats. Ces substances étant très volatiles, le traitement doit être répété au besoin.

Comme la présence de la taupe dans les pelouses est souvent reliée à une population élevée de vers de terre et de vers blancs, il peut être nécessaire de la réduire et de traiter la pelouse au chlordane ou au carbaryl.

MARMOTTE, RATON LAVEUR

Maïs, légumes

Placer une cage-trappe à bascule de type Havahart sur le chemin emprunté par l'animal. Appâter avec du beurre d'arachide, de la laitue ou des carottes. Après la capture, disposer de l'animal en le libérant loin du jardin.

ÉCUREUIL, MOUFFETTE

Légumes, fruits

Comme pour la marmotte, utiliser une cage-trappe à bascule de type Havahart ou placer des répulsifs tels le paradichlorobenzène ou la naphtaline, dans les nids ou repaires de l'animal.

LIÈVRE

Arbres, arbustes, haies

Voir campagnol des champs : répulsif à rongeur, page 00. Appliquer ce répulsif sur tous les bourgeons des branches basses de l'arbre.

CHIEN, CHAT

Plates-bandes, arbustes, arbres, pelouse

Si nécessaire, utiliser un répulsif à usage domestique pour chien et chat.

OISEAUX

- **Répression** : la répression des oiseaux autour de la maison n'est pas une chose souhaitable. Toutefois, si des problèmes sont causés par les oiseaux dans votre jardin, il est possible de réduire et même de prévenir les dommages aux cultures, en utilisant des moyens d'effarouchement et de protection.

- **Effarouchement** : ce moyen n'est pas infaillible mais, dans certains cas et pour une période de temps assez courte, donne des résultats parfois surprenants. Le principe est de mettre soudainement quelque chose que les oiseaux n'ont pas l'habitude de voir à cet endroit, comme : un épouvantail, une silhouette d'oiseau de proie planant au-dessus du jardin, une enfilade d'assiettes en aluminium.

- **Protection** : depuis quelques années, il existe sur le marché des filets de fibres synthétiques à mailles de 1 cm. Ces filets peuvent recouvrir de petites étendues en culture, comme quelques rangs de maïs ou quelques arbres fruitiers. Dans le cas des cerisiers, ce procédé est fortement recommandé. La pose s'effectue au moment de la maturation du fruit. Ils ne retardent aucunement la maturation du maïs ou des fruits.

DIVERS

ESPÈCES DE PLANTES À ÉVITER

Certaines plantes vivaces sont extrêmement envahissantes et il vaudrait mieux ne jamais les introduire dans un jardin. Une fois implantées elles étendent leurs rhizomes partout en étouffant les autres plantes et il devient alors extrêmement difficile de s'en débarrasser. Voici deux espèces très peu recommandables à cause de leur agressivité :

• la renouée japonaise («bambous»)

• l'égopode podagraire («herbe aux goutteux» souvent employée comme couvre-sol)

HERBE À LA PUCE

Traiter lorsque le feuillage de l'herbe à la puce est bien développé (juin-juillet). Appliquer le 2,4-D/mécoprop/dicamba, l'amitrole ou le sulfamate d'ammonium, en mouillant le feuillage jusqu'au point de ruissellement*. Ne pas utiliser l'amitrole ou le sulfamate d'ammonium, lorsque des plantes (arbres et arbustes) désirables sont présentes. Si des repousses apparaissent après un traitement chimique, répéter le traitement l'année suivante. Se rappeler que la manipulation de l'herbe à la puce, **même séchée**, exige une attention spéciale puisque la substance toxique de cette plante est toujours présente.

Pour l'identification et autres renseignements sur cette plante, demander la publication 820 «*L'herbe à la puce*» au Service d'information, ministère de l'Agriculture du Canada, Ottawa, K1A 0C7.

* Se conformer aux directives de l'étiquette et respecter l'intervalle de sécurité.

SOUCHES

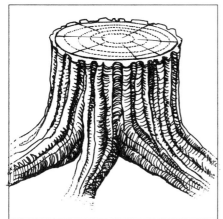

Pour empêcher la repousse, utiliser le sulfamate d'ammonium aussitôt après la coupe*.

Pour favoriser la combustion des souches, appliquer sur les souches sèches certains produits vendus à cette fin.

Pour des informations supplémentaires, consulter le guide au bureau des normes du Québec — *Abattage des arbres, essouchement et élimination des pousses —* publication 0630-015.

HERBES À POUX

Petite herbe à poux
Ambrosia artemisiifolia L.

Grande herbe à poux
Ambrosia trifida L.

Le pollen de l'herbe à poux est une des causes principales de la fièvre des foins qui entraîne des désagréments importants à une proportion significative de la population. Afin de réduire les émissions de pollen dans l'air, il faut détruire ces plantes avant leur période de floraison qui arrive en août; sur le territoire de la ville de Montréal, tout citoyen qui néglige d'éliminer cette plante sur son propre terrain est passible d'une amende.

L'arrachage, ou encore des applications de 2,4-D sur les jeunes plants, permet de réduire les populations et d'améliorer ainsi le sort des nombreuses personnes allergiques

* Se conformer aux directives de l'étiquette et respecter l'intervalle de sécurité.

au pollen de l'herbe à poux. Une participation active aux campagnes d'éradication organisées par plusieurs groupes de citoyens est un excellent moyen de combattre ce fléau.

Pour l'identification et d'autres renseignements sur l'herbe à poux, s'adresser au :

Jardin botanique de Montréal
4101, rue Sherbrooke
Montréal
H1X 2B2

FERTILISATION DES ARBRES ET ARBUSTES

Un bon programme de fertilisation ne peut répondre aux besoins de tous les groupes de végétaux en même temps ; arbres et arbustes feuillus ou conifères, végétaux plantés en isolé ou en massifs, localisation sur un terrain engazonné ou sur une surface nue. On doit tenir compte de plusieurs facteurs concernant le choix des engrais, les doses à appliquer, les périodes d'application, etc. Toutefois, certains principes de base demeurent la clé du succès pour favoriser la croissance optimale des végétaux sur votre terrain.

Pour la **première année**, celle de la **plantation**, on doit appliquer un engrais à haute teneur de phosphore (ex. 10-51-10) au moment de la mise en terre et ce, quel que soit le végétal ; cela favorise la formation du système radiculaire. De plus, pour toutes les catégories de plantes, les arbres et arbustes à feuilles caduques, les conifères et les arbustes à feuilles persistantes, on ne fertilise qu'une seule fois dans l'année, à la mi-juin, avec un engrais complet comprenant de l'azote (N), du phosphore (P) et du potassium (K).

Le calendrier de fertilisation est similaire pour les groupes de **conifères et pour les arbustes feuillus**. On doit prévoir une première intervention d'engrais au début du mois de mai en utilisation un engrais complet. La deuxième application se fait au début du mois de juin et seule une fertilisation azotée est nécessaire. La troisième application se fait au début du mois de juillet et on retourne à une fertilisation complète.

Les **arbres feuillus** nécessitent une application de fertilisants un peu moins intensive. On fertilise au début du mois de mai et en début de juin de la même façon que pour le groupe précédent, mais la fertilisation de juillet se fait avec un engrais ne contenant **pas d'azote**. Il faut éviter de stimuler une croissance trop importante en cette période de la saison car l'arbre a besoin de s'aoûter, c'est-à-dire ralentir sa croissance dans le but d'accumuler des réserves pour la période hivernale. L'azote, au contraire, favorise la croissance du feuillage et ne permet pas un entreposage de réserves nutritives dans les racines ; par conséquent, il nuit à l'aoûtement de l'arbre.

À toutes ces recommandations, on doit faire certains ajustements. Les arbres et arbustes qui sont plantés sur une surface engazonnée n'ont pas besoin de fertilisation **azotée** autre que celle que l'on fournit à la pelouse. On doit toutefois compléter avec un apport de phosphore et de potassium en favorisant le contact de l'engrais avec les racines des arbres et arbustes et non celles du gazon. On fait donc quelques trous d'environ 15 centimètres de profondeur dans la pelouse et on y incorpore l'engrais. Lorsque l'on a des paillis ou des protections géotextiles, le même phénomène se produit. On doit s'assurer que l'infiltration de l'engrais se fera jusqu'aux racines.

Pour des arbustes plantés en massifs sur une surface de terre nue, la fertilisation suit le calendrier précédemment donné.

Une surfertilisation est souvent plus dommageable qu'un manque d'engrais. On doit tenir compte des conditions environnementales des végétaux avant de procéder à des applications de fertilisants.

TABLEAU DE FERTILISATION DES ARBRES ET ARBUSTES

Plantation établie	Date de fertilisation	Type de fertilisation
• Arbres à feuilles caduques	Début mai	NPK
	Début juin	N
	Début juillet	PK
• Arbustes à feuilles caduques et	Début mai	NPK
persistantes, éricacées à feuilles	Début juin	N
caduques et conifères	Début juillet	NPK
Nouvelle plantation		
• Arbres, arbustes et conifères	Mi-juin	NPK

LE COMPOSTAGE

Le compostage est un procédé biologique contrôlé de décomposition de la matière organique solide. En effectuant un contrôle des conditions de la décomposition, on accélère un phénomène qui se produit tous les jours dans la nature.

Le compostage est indispensable en jardinage biologique. Il vise trois objectifs principaux :

1- la fabrication de l'**engrais** le plus naturel et le plus équilibré qui soit ;

2- la fabrication d'**humus**, qui seul peut maintenir le sol en état de fertilité en améliorant sa structure (aération, drainage, activité biologique), en facilitant son réchauffement au printemps grâce à sa couleur noire, en augmentant ses réserves en eau et en éléments nutritifs ;

3- le **recyclage** biologique de tous les déchets organiques.

Le compostage fait intervenir une foule de microorganismes (bactéries, champignons...), de vers de terre, d'insectes, etc., qui, en se nourrissant des matériaux organiques, réalisent leur transformation. Il nous suffit de recréer et maintenir les conditions optimales nécessaires à la prolifération de ce levain biologique.

Les matériaux

Pratiquement tous les matériaux organiques peuvent être compostés. Certains seuls, d'autres en mélange selon leur composition, leur apparence et leur taux d'humidité. Les fumiers, les déchets de cuisine et de jardin, le papier, les rebuts de la tonte du gazon, les feuilles mortes, constituent d'excellents matériaux pour le compostage. Certains matériaux, notamment les plantes ligneuses, auront avantage à être broyés avant de les incorporer au compost.

On évitera par contre toute substance ayant des traces de produits toxiques (par exemple, tonte de gazon traité aux pesticides), de métaux lourds, les matières plastiques, les métaux et les mauvaises herbes lorsqu'elles sont grainées. Les viandes et les produits laitiers sont également exclus parce qu'ils attirent la vermine. Ne pas considérer le compost comme une poubelle à rebuts ; il faut effectuer une sélection des matériaux qui constitueront le compost. Plus les matériaux de départ seront diversifiés, plus le terreau qui en résultera sera de bonne qualité et équilibrée.

Les méthodes de compostage

Les méthodes de compostage les plus fréquemment utilisées par les jardiniers sont le compostage en tas et celui en silo (figure ci-contre). Ils permettent de fabriquer rapidement et sur une surface réduite une quantité importante de compost.

Le compostage en silo consiste à entasser au fur et à mesure de leur production les matériaux dans un grand récipient à claire-voie appelé silo. L'idéal est de disposer d'au moins deux silos, de façon à ce que l'un fermente pendant qu'on remplit l'autre.

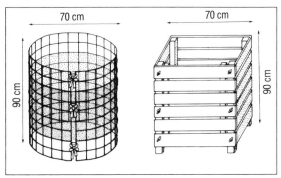

Petits silos à compostage. Le modèle de gauche consiste en un morceau (210 × 90 cm) de grillage galvanisé à mailles carrées qu'on attache pour former un cylindre et qu'on double partiellement avec une pellicule de plastique transparent. Le silo de droite en bois traité comporte un devant amovible qui permet de retirer aisément le compost.

Le compostage en tas oblige un stockage des matériaux jusqu'à l'obtention d'un volume suffisant pour l'édification d'un tas (1 à 2 mètres cubes). Le plus simple est d'entasser les matières premières à même le sol dans un coin du jardin facilement accessible, juste à côté de l'aire de compostage. La réalisation du tas se fait à l'aide d'une fourche à fumier. Monter le tas à même le sol, en couches horizontales ou obliques successives en mélangeant les matériaux secs et humides, riches en carbone (brindilles, copeaux de bois, etc.) et riches en azote (gazon, ordures ménagères, etc.). Profiter du montage pour incorporer de temps à autre dans le compost une pelletée de bonne terre à jardin. On peut aussi y ajouter de la cendre de bois si elle est disponible. Éviter la chaux, car son effet est trop brutal.

Au bout de quelques jours, le tas commencera à chauffer (50-60 degrés Celcius) puis la température diminuera par la suite. L'élévation de la température du tas est le signe évident que le compostage s'effectue dans de bonnes conditions. Dans le cas contraire, il se peut que le tas soit trop sec ou trop humide, il faudra alors envisager d'arroser le tas ou d'y incorporer des matériaux plus secs.

Après la phase chaude apparaissent dans les tas des vers. Le compost est alors demi-mûr. Les matériaux de départ sont reconnaissables, mais brunis. Plus tard, le compost prendra une consistance plus terreuse avec un arôme de sol de sous-bois. Le compost est alors qualifié de mûr. Passé ce stade, le compost ne peut que s'appauvrir. Il faut donc l'utiliser.

La durée du compostage est très variable et dépend tout à la fois du volume du tas, des matériaux qui le constituent et de la température extérieure. En général, un compost demi-mûr est obtenu en un mois, à la belle saison. Six à douze mois plus tard, l'évolution est terminée.

Utilisation du compost

Le compost **demi-mûr** est utilisé pour les cultures de plantes exigeantes: le maïs, les choux, les courges, les concombres, les poivrons, etc.

Le compost **mûr** est utilisé pour les cultures de plantes peu exigeantes: la laitue, les betteraves, les carottes, les fines herbes, les cultures fruitières, etc.

Dans aucun cas, on n'enfouira le compost à plus de 8 cm dans le sol. Le compost peut être utilisé à l'automne ou au printemps.

Les doses d'application annuelles varieront de 20 à 150 kg/10 mètres carrés selon la fertilité du sol, l'exigence de la culture et le niveau de productivité souhaité.

Réf. Torez, Jean-Paul, *Le Petit guide du jardinage biologique. Les quatre saisons du jardinage*, Terre vivante, 1985.

TABLES D'ÉQUIVALENCES
Systèmes anglais et métrique

UNITÉS DE SURFACE

1 po^2	*6,5 cm^2*
1 pi^2	*0,1 m^2*
1 verge carrée	*0,8 m^2*
1 mille carré	*2,6 km^2*
1 acre	*0,4 ha*
0,155 po^2	*1 cm^2*
1,196 verge carrée	*1 m^2*
2,471 acres	*1 ha*

UNITÉS DE LONGUEUR

1 po	*2,5 cm*
1 pi	*0,3 m*
1 verge	*0,9 m*
1 mille	*1,6 km*
0,04 po	*1 mm*
0,40 po	*1 cm*
3,30 pi	*1 m*
0,62 mille	*1 km*

UNITÉS DE VOLUME

1 c. à thé	*5 ml ou cm^3*
1 c. à table	*15 ml ou cm^3*
1 oz	*30 ml ou cm^3*
1 chop	*570 ml*
1 gal impérial (140 oz)	*4,5 l*
1 gal américain (128 oz)	*3,8 l*
0,035 oz	*1 ml*
35,2 oz	*1 l*

UNITÉS DE POIDS

1 oz	*28,35 g*
1 lb	*453,59 g*
0,035 oz	*1 g*
2,205 lb	*1 kg*

ABRÉVIATIONS

c.	=	cuillère
chop	=	chopine
cm	=	centimètre
cm^2	=	centimètre carré
cm^3	=	centimètre cube
g	=	gramme
ha	=	hectare
kg	=	kilogramme
km	=	kilomètre
km^2	=	kilomètre carré
l	=	litre
lb	=	livre
m	=	mètre
m^2	=	mètre carré
ml	=	millilitre
mm	=	millimètre
pi	=	pied
pi^2	=	pied carré
po	=	pouce
po^2	=	pouce carré
oz	=	once

EN CAS D'INTOXICATION
PAR LES PESTICIDES

ATTENTION

En cas d'intoxication lors de la manipulation d'un pesticide, appeler un médecin et lui donner le nom de la matière active utilisée ou se rendre à la clinique d'urgence de l'hôpital le plus près de chez vous avec l'étiquette du produit ou le contenant.

Centre antipoison du Québec
1-800-463-5060
(aucun frais)

Le numéro de téléphone de la
salle d'urgence de l'hôpital le plus près

(|____|____|____|) |____|____|____| - |____|____|____|____|

N.B. Vous trouverez à la page 19, un tableau préparé par le Centre de toxicologie du Québec sur **la conduite générale à tenir en cas d'intoxication par les pesticides**.

Composition typographique : Compo Alphatek inc.

Achevé d'imprimer en juin 1991
sur les presses de l'imprimerie
Canada inc. à Vanier